Manfred Elsässer • Wunderbares Christsein

Manfred Elsässer

Wunderbares Christsein

Gedichte

FRIELING

Bibliografische Information der Deutschen Nationalbibliothek
Die Deutsche Nationalbibliothek verzeichnet diese Publikation in der Deutschen Nationalbibliografie;
detaillierte bibliografische Daten sind im Internet über http://dnb.d-nb.de abrufbar.

Eine Marke der Frieling & Huffmann GmbH & Co. KG
Rheinstraße 46, 12161 Berlin
Telefon: 0 30 / 76 69 99-0
www.frieling.de

ISBN 978-3-8280-3861-5
1. Auflage 2024
Auch als E-Book erhältlich (ISBN 978-3-8280-3863-9).
Bildquelle: pixabay

Printed in Germany

INHALT

Vorbemerkung

Es fällt so schwer mir zu verzichten
auf alles Schöne in der Welt.
Dazu gehört bei mir das Dichten.
Das Verseschmieden mir gefällt.

Beim letzten Buch war ich der Meinung:
Ich fange nicht ein neues an.
Nun gibt es eine Neuerscheinung,
die wieder man erwerben kann.

Ich hoffe, man wird mir vergeben,
dass dabei ich mein Wort nicht hielt;
und ich kann hoffentlich erleben,
dass dieses Buch Erfolg erzielt.

Vorwort

Frau Elfmann, die man nur kann lieben,
weil stets aus ihr viel Liebe strahlt,
hat diese Verse mir geschrieben.
Sie tat das alles unbezahlt.

Ich kann sie dafür nur sehr loben
und hoffen, dass Gott später dann
in Seinem Himmelreich dort droben
sie mehr belohnt, als ich das kann.

Elfmann

Elf Mann hier und elf Mann dort
gibt es bei dem Fußballsport.
Doch nur eine Elfmann hier
haben in dem Chore wir.
Doch was diese uns beschert,
das ist mehr als elf Mann wert.

Wunderbares Christsein

Für wahre Christen ist es klar:
Es ist das Christsein wunderbar,
denn für den Christen findet statt,
dass Gott er als den Vater hat.

Weil dieser Vater sehr ihn liebt,
Er alles ihm, was nötig, gibt,
weshalb kein Christ sich sorgen muss;
und das befreit ihn von Verdruss.

Er bietet ihm auch freundlichst an,
dass stets er mit Ihm reden kann,
und übel nimmt Er dabei nicht,
wenn man auch manchmal Unsinn spricht.

Gott steht für Christen jederzeit
als starker Helfer gern bereit
dem, welcher irgendwie in Not
und wem Gefahr auf Erden droht.

Die Bibel uns vor vielem warnt,
womit der Teufel uns umgarnt,
damit man nicht durch dessen List
am Ende der Verlierer ist.

Gott gibt uns Seinen Heil'gen Geist,
der uns den Weg des Glaubens weist;
und der gibt uns dazu die Kraft,
dass man das, was Gott fordert, schafft.

Doch taten wir nicht unsre Pflicht,
verzagen dennoch wir dann nicht,
weil Christus, der das Heil vollbracht,
uns frei von unsrer Sünde macht.

So mancher Christ hat es gespürt:
Gott hat mich wunderbar geführt.
Wo ich so viel Probleme sah,
die gute Lösung dann geschah.

Und wenn als Christ ich leidend bin,
dann hat das seinen guten Sinn,
weil dann durch dieses Leid geschieht,
dass Gott als Vater mich erzieht.

Gott macht dem Leidenden bewusst:
Die Welt vergeht mit ihrer Lust,
und wer sich nur der Welt verschreibt,
mit ihr dann ins Verderben treibt.
Mit uns hat Gott den bess'ren Plan.
Wie Er mit Christus hat getan,
so soll es auch mit uns geschehn,
wenn Ihn wir als den Heiland sehn.

Wie Christus einst vom Tod erstand
und ihn für immer überwand
und dann ins Himmelreich trat ein,
um ewig dort bei Gott zu sein,

so werden wir, den Engeln gleich
auch ewig dort in Gottes Reich,
dort endlich frei von allem Leid
sehr herrlich leben allezeit.

So freuen wir auf Erden schon
uns auf den uns verheiß'nen Lohn.
Wenn vieles uns auch hier erbost,
es ist uns Jesus Christus Trost.

Wunderbares Christsein

Wie wunderbar ist es, als Christ
in dieser Welt zu leben,
weil man in Gott geborgen ist.
Es kann nichts Schön'res geben.

Wir Christen wissen allezeit:
Weil wir in Gottes Händen,
muss alles, auch ein schweres Leid
zuletzt im Guten enden.

Es hat Er einen guten Plan,
wie alles muss geschehen.
Wie Er mit Jesus hat getan,
wird es auch uns ergehen.

Das, was Er uns versprochen hat
als Vater Seinen Kindern,
das findet alles einmal statt,
denn niemand kann Ihn hindern.

Ein jeder Mensch die Grenzen spürt
als uns naturgegeben;
Gott uns auch durch das Sterben führt
zu ewig neuem Leben.

Und dort in Gottes Ewigkeit
dann werde ich erkennen,
wie gut ist, dass ich war bereit,
Gott meinen Herrn zu nennen.

Gethsemane – Jesus und wir

So wie einst die Menschen waren,
wie die Bibel schildert sie,
kann man sie auch jetzt erfahren.
Wirklich ändern sie sich nie.

Als bei Jesus sie erlebten,
was für Wunder er vollbracht,
sie bewundernd zu Ihm strebten,
weil Er alles gut gemacht.

Nicht nur, dass gelobt sie haben,
was durch Jesus ist geschehn,
sie Ihm zu verstehen gaben:
Wir woll'n Dich als König sehn.

Doch als Mächtige im Lande
sich dann wandten gegen Ihn,
man sich schnell dann von Ihm wandte,
weil Er doch verloren schien.

Gern will jeder auf der Seite
dessen, der der Sieger, sein.
Steht er scheinbar vor der Pleite,
lässt man lieber ihn allein.

Weg war'n da die Menschenmassen.
Ihm blieb nur die Jüngerschar,
als, von anderen verlassen,
in Gethsemane Er war.

Doch statt dass sie mit Ihm wachten,
so wie Jesus es befahl,
sie ein Nickerchen dort machten.
Sie versagten wieder mal.

So wie einst ist es auch heute.
Siegern jubeln Menschen zu.
Zu Verlierern sagen Leute:
Möglichst bald verschwinde Du!

Drum gib Dich in Gottes Hände!
Mach es Jesus Christus gleich!
Dann nimmt Gott auch Dich am Ende
nach dem Tod auf in Sein Reich.

Vom Haben und Hoffen

Es sind so viele gute Gaben,
die wir durch Gott den Schöpfer haben.
Wir können so viel Schönes sehen.
Wir können hören und verstehen
und auch den andern Leuten sagen,
was uns erfreut, was wir beklagen.
Genießend können wir entdecken,
wie gut so manche Dinge schmecken.
Wir können riechend es empfinden,
wo bleiben lohnt und wo verschwinden,
und tastend können wir es spüren,
wohin so manches uns kann führen.
Wir können andern Freude geben
und sie durch andere erleben.
Wir können unsre Beine lenken
dorthin, wo wir zu sein gedenken.
Wir können auch mit unsern Händen
so viel beginnen und beenden
mit auf der Welt so vielen Dingen,
die Nutzen uns und Freude bringen.
Mit alledem uns Gott bedachte,
was uns ein Leben möglich machte.

Doch ist durch Menschen es geschehen
auf Erden Sünden zu begehen,
die, weil sie sich so schlimm verhielten
die Strafe Gottes dann erhielten.

In diese Welt ist Schuld gekommen,
von der kein Mensch ist ausgenommen.
Was nötig ist zu unserm Frieden,
wird nun durch Christus uns beschieden,
weil Er in Seinen Erdentagen
für uns die Strafe hat getragen,
als man Ihn hat ans Kreuz geschlagen,
wie uns die Bibel das will sagen.
Mit Gott Versöhnung Er uns brachte
und Schuldvergebung möglich machte.
Und weil Er aus des Todes Banden
am Ostertag ist auferstanden,
kann Er als unser Herr uns leiten
hindurch durch unsre Erdenzeiten
auf den von Ihm gebahnten Wegen
dem wunderbaren Ziel entgegen,
das, weil in Christus fest gegründet,
in Gottes Ewigkeit dann mündet,
dort, wohin vor 2000 Jahren
Christus gen Himmel ist gefahren.

Damit wir das auch recht erkennen
und Christus unsern Heiland nennen
und recht, was Er vollbracht, bedenken,
will Gott den Heil'gen Geist uns schenken.
Er lässt uns Gott und Menschen lieben,
wie in der Bibel das beschrieben.
Er gibt trotz allem Elend heute
in unser Herz doch tiefe Freude.

Er gibt auch Kraft, uns nicht zu rächen
und die Vergebung auszusprechen;
und wenn uns dieses kann gelingen,
wird Segen es auch uns dann bringen.

Wer glaubt, dem steht der Himmel offen.
Wir können Herrliches erhoffen.
Im Himmel wird es besser werden,
als es bei uns ist hier auf Erden.
Gott wird auf ewig neues Leben
uns dann nach unserm Tode geben.
Es wird dann so im Himmelreich sein,
dass wir den Engeln werden gleich sein,
auf ewig können wir genießen,
was Jesus damals hat verhießen,
so wie Er damals es in Bildern
den Jüngern wollte deutlich schildern,
vergleichbar einem Hochzeitsmahle
in einem königlichen Saale,
wird manches dann so schön erscheinen
wie nur aus Gold und Edelsteinen.
Wir werden Jesus leiblich sehen,
und uns wird nie mehr Leid geschehen.

Worauf es letztlich ankommt

Es kann im Leben leicht passieren,
dass wir an Dinge uns verlieren,
die in der Welt zwar manchmal nützen,
doch allesamt nicht davor schützen,
dass wir mit andern Menschen allen
sind der Vergänglichkeit verfallen.
Und jeder fällt nach seinem Ende
dann ganz und gar in Gottes Hände;
und dieser wird es so gestalten,
dass Christus dann Gericht wird halten,[1]
zu dem ein jeder sich muss stellen,
und Christus wird das Urteil fällen,
ob mit Verbrechern dann zusammen
Er einen Menschen wird verdammen,
dass ewig unter großen Qualen
er für die Sünden muss bezahlen,
dass Gottes Wort er hat verachtet
und nur nach Geld, Ruhm, Lust getrachtet,[2]
dass nicht er, wie es Jesus lehrte,[3]
barmherzig Hilfe dem gewährte,
der da in seinen Lebenstagen
so manches Elend hat ertragen.

---

[1] vgl. Matth. 25,31–46

[2] vgl. Lukas 16,19–31

[3] vgl. Lukas 10,25–32

Wir sollten alle darauf sehen,
wie wir vor Christus dann bestehen.
Wir sollten bis zu unserm Sterben
im Himmel Schätze viel erwerben,[4]
dass Christus nach dem Erdenleben
das ewige danach wird geben,
dass wir im Himmelreiche droben,
dann immer Jesus Christus loben,
weil Er allein das Werk vollbrachte,[5]
das uns den Zugang möglich machte.

Damit wir dieses nicht verpassen
und dorthin gern uns führen lassen,
lässt Gott uns hier auch manchmal leiden,[6]
damit wir diese Sünde meiden,
was weltlich ist zu überschätzen
und an die erste Stelle setzen
und nicht in unsern Lebenstagen
nach Gott und Seinem Willen zu fragen,
denn es geht nur auf Seinen Wegen
dem Ziel der Ewigkeit entgegen. [7]

---

[4] vgl. Matth. 6,19–21

[5] vgl. Johannes 10,1–15

[6] vgl. 1. Kor. 1,3–7; 4,17 f.; 1. Petr. 1,6–9

[7] vgl. Johannes 10,1–15

Gericht und Gnade

Vergesst, Ihr Menschen, dieses nicht,
dass auch die Bibel manchmal spricht:
Verletzt Ihr die Gehorsamspflicht,
verfallt Ihr Gottes Strafgericht.

Vor fast 3000 Jahren schon
erschallte der Propheten Ton:
Das Unrecht, das durch Euch geschieht,
die Strafe Gottes nach sich zieht.

Und so wie Jeremia sprach,
kam bald dem Unrecht Unheil nach,
weil man auf Gott nicht hat gehört,
ward dann Jerusalem zerstört.

Auch unsre Weltgeschichte zeigt,
dass Gott nicht stets zu Unrecht schweigt,
denn fand zu schlimme Sünde statt,
Gott strafend eingegriffen hat.

Es ist uns Menschen heute klar,
dass Hitler Massenmörder war.
Sein Krieg zu schlimmem Ende kam,
und er sich selbst das Leben nahm.

So kam es in der Welt sehr oft
bei Sündern anders als erhofft.
Statt zu erreichen hohes Ziel,
man Gottes Strafgericht verfiel.

Wenn nach dem Ende dieser Welt
dann Christus den Gerichtstag hält,
wird jeder Mensch vor Ihn gestellt,
der über ihn sein Urteil fällt.

Bei jedem wird es darum geh'n,
ob man vor Ihm dann kann besteh'n,
es wird bei jedem offenbar,
wie groß und schwer die Sünde war.

Wenn Christus sie vergeben hat,
dann findet keine Strafe statt.
Es kehrt in Gottes Reich man ein,
um ewig selig dort zu sein.

Für andre wird der Hölle Pein
dann die gerechte Strafe sein,
für den, der nur an sich gedacht
und schlimme Taten hat vollbracht.
Weil Sündern schlimme Strafe droht,
ergreift das Gnadenangebot,
das Jesus Christus gern gewährt,
dem, der Ihn als den Heiland ehrt.

Alternative für das Leben

Man hat nicht selbst sich vorgenommen,
dass man auf diese Welt gekommen;
doch weil das einmal ist geschehen,
muss man die Lebenswege gehen.

Es gibt gewiss der Wege viele.
Doch welcher führt zum schönsten Ziele?
Es führen viele ins Verderben.
Ich will für einen guten werben.

Das Beste ist, in seinem Leben
sich Jesus Christus zu ergeben,
denn wer so ganz in Seinen Händen,
für den wird alles herrlich enden.

Man hat dann Gott als seinen Vater,
als seinen Schützer und Berater.
Er sorgt für uns in allen Dingen
und lässt, was recht ist, uns gelingen.

Uns Menschen alle dies verbindet,
dass sich bei jedem Schuld auch findet.
Doch Jesus kann uns Schuld verzeihen,
damit wir freie Menschen seien.

Denn Er allein das Werk vollbrachte,
das Schuldvergebung möglich machte.
Für uns hat Strafe Er getragen,
als man Ihn ans Kreuz geschlagen.

Und weil vom Tod Er auferstanden,
ist Hoffnung auch für uns vorhanden,
dass wir, wie schon mit Ihm geschehen,
dann von dem Tode auferstehen.

Damit wir dies stets recht bedenken,
will Gott den Heil'gen Geist uns schenken,
damit auf rechtem Weg wir wandeln
und recht nach Gottes Willen handeln.

Und wunderbare Herrlichkeiten
will Gott im Himmel uns bereiten,
um uns in dieser für uns neuen
Welt immerdar nur zu erfreuen.

Der Feind

Wir Menschen sind in unserm Leben
nicht stets von Freunden nur umgeben.
Die schlimmsten Menschen, die wir kennen,
wir dabei unsre Feinde nennen.

Es sind schon manches Mal schon Staaten
in schlimme Feindschaften geraten.
Aus früher'n Zeiten man es kannte,
dass Frankreich man den Erbfeind nannte.

Einst in der DDR man meinte,
es gilt der Kampf dem Klassenfeinde.
Im Westen die Kapitalisten
sind die, die wir besiegen müssten.

Begonnen haben manche Frauen,
ein neues Feindbild aufzubauen;
die Männer müsse man entmachten
und selbst nach Führungsstellen trachten.

Die Wirtschaft kennt die Konkurrenten,
und gegen die muss man sich wenden.
Wenn diese dann nicht mehr bestehen,
wird einem selbst es besser gehen.

Auch manchmal sind an manchen Orten
aus Freunden Feinde schon geworden.
Es gab mal Anlass, sich zu streiten,
dann konnte man sich nicht mehr leiden.

Uns wird von Jesus vorgeschrieben:
Wir sollen auch die Feinde lieben.
Er will uns von dem Schaden heilen,
die Welt in Freund und Feind zu teilen.

Doch einen Er als Feind erkannte,
den Satan Er und Teufel nannte,
der scheinbar will zum Vorteil raten
und doch verführt zu bösen Taten.

Für viele Menschen macht Vergnügen,
dass gern sie glauben solche Lügen.
Doch wer sich dadurch lässt verführen,
wird bald die Strafe Gottes spüren.

Drum gilt: dem Teufel widerstehen
und nur auf solchen Wegen gehen,
die Jesus uns vorangegangen,
dass wir ins Himmelsreich gelangen.

Scheinbare Widersprüche in der Bibel

(Joh. 8,12 und Matth. 5,14)

Die Bibel manche gar nicht schätzen,
und mancher scheinbar Kluge meint,
dass manches von den vielen Sätzen
da doch recht widersprüchlich scheint.

Johannes lässt uns Jesus sagen:
ich bin – für Euch – das Licht der Welt.
Ich bin es, der an allen Tagen
die Wege, die Ihr geht, erhellt.

Jedoch an einem andern Orte,
da lesen in der Bibel wir
als einst gesagte Jesus-Worte:
Das Licht der Welt seid – sag ich – Ihr.

Und daran kann man doch erkennen,
so sagt uns Menschen der Verstand:
Nur eins ist richtig da zu nennen.
Das andre wird als falsch erkannt.

Jedoch ist alles beides richtig
und nicht das eine davon nur
und dass da alles beides wichtig,
zeigt uns doch deutlich die Natur.

Wie von der Sonne stets beschienen,
des Nachts dann leuchten kann der Mond,
so können wir als Licht dann dienen,
wenn Gottes Segen in uns wohnt.
Wir müssen ganz Gott uns ergeben
und ganz vertraun auf Seine Kraft,
dann werden wir gewiss erleben,
dass Er durch uns viel Gutes schafft.

Jesu Seligpreisungen

(Matth. 5,3–10)

Jeder Mensch in seinem Denken
ist auf Irdisches beschränkt.
Gott muss Seinen Geist uns schenken,
dass man richtig von Ihm denkt.

Denke dann, wenn du musst leiden,
dass das doch vergänglich ist.
Gott will Schönes dir bereiten,
wenn du in dem Himmel bist.

Fängt mal jemand an zu brüllen,
brülle niemals dann zurück!
Lass mit Sanftmut dich erfüllen!
Das bringt dir auf Erden Glück.

Nach Gerechtigkeit verlangen,
dieses als Verheißung hat:
dass man selbst sie wird erlangen,
findet dann von Gott her statt.

Recht Barmherzigkeit erweisen
andern Leuten in der Welt,
wird dann für sich selber heißen,
dass man sie von Gott erhält.

Lasse dich durch nichts verderben!
Halte dich im Herzen rein!
Dann wirst du nach deinem Sterben
in dem Reiche Gottes sein.

Hier auf Erden für den Frieden
setze stets als Christ dich ein!
Dann wird dir von Gott beschieden,
segensreich Sein Kind zu sein.

Musst du es als Christ erleben,
dass dein Leben man zerstört,
wird als Lohn dir Gott dann geben,
dass der Himmel dir gehört.

Mathäus 25,31–46

Gewidmet allen, die mir Hilfe und Freude bereitet haben.

Wer Gutes tut in Erdentagen
folgt nicht Idealistenwahn,
denn Jesus wird ihm einmal sagen:
Das alles habt ihr mir getan.

Dann wird ein jeder recht es spüren,
dass Jesus hält, was Er verspricht.
Er wird die Seinen zu Sich führen
nach Seinem großen Weltgericht.

Die Bösen wird Er dann verdammen,
und Folgendes tritt für sie ein:
dass mit dem Satan sie zusammen
dann werden in der Hölle sein.

Doch alle, die sich so verhalten,
wie Jesus Christus es gefällt,
für ewig werden sie erhalten
zu sein in Gottes neuer Welt.

An Wesen weich, an Gnade reich

Es gibt so manche, welche meinen,
ich würde als zu weich erscheinen.
Man muss in diesen harten Zeiten
sich doch von Härte leiten lassen.
Jedoch wenn alle Weichen weichen,
die Fische bald bei Leichen laichen.

Kampf, Sieg und Lohn

Gut schuf Gott alles mit dem Ziel,
dass wir es gern genießen.
Doch treibt der Teufel böses Spiel,
uns Gutes zu vermiesen.

Er preist uns tolle Bilder an,
will Lustgefühle schüren.
Doch wer sich einlässt, der wird dann
nur Not und Elend spüren.

So sind wir Menschen in der Welt,
in der wir uns befinden,
in einen Kampf hineingestellt.
Es gilt zu überwinden.

Dass wir nicht immer Sieger sind,
das müssen wir erleben.
Jedoch am Ende der gewinnt,
der Jesus sich ergeben.

Denn Jesus hat ein Werk vollbracht
durch Sein – am Kreuze – Sterben,
das Schuldvergebung möglich macht,
damit wir nicht verderben.

Was keinem Menschen sonst gelang,
ist Jesus einst gelungen,
dass Er sogar den Tod bezwang,
mit dem auch Er gerungen.

Und so wie Er es uns versprach,
wird es mit uns geschehen.
Wir folgen Ihm zum Himmel nach,
um stets Ihn dort zu sehen.

Nicht Kampf noch Ärger gibt’s dort mehr
und auch kein andres Leiden.
Stattdessen wird dann dort uns Er
viel Herrlichkeit bereiten.

Kirche und Bußtag heute

Oft hat die Kirche kritisiert
zum Teil mit großer Freude
was bei den anderen passiert,
doch nicht die eignen Leute.

Man stellte sich als Vorbild dar
den weltlichen Vereinen.
Auch wenn man gar nicht besser war,
wollt' man doch so erscheinen.

Ganz anders als die Bibel lehrt
und wir es in ihr lesen,
ward untern Teppich das gekehrt,
was unrecht ist gewesen.

Wenn sich ein Pfarrer scheiden ließ,
dann musste zwar geschehen,
dass die Gemeinde er verließ.
Man zwang ihn dann zu gehen.

Ansonsten sah man auf die Zahl,
die schriftlich man erhalten;
sonst war der Kirche meist egal
das menschliche Verhalten.

Nun ist die Kirche sehr erschreckt
an allerhöchster Stelle.
Die Öffentlichkeit hat entdeckt:
Es gab da Missbrauchsfälle.

Was ist der lieben Kirche nun
in diesem Fall zu raten?
Sie sollte ernsthaft Buße tun
für alle schlechten Taten.

Man sollte deutlich sich und klar
zu Gottes Wort bekennen
und da, wo Schuld wird offenbar,
sie klar beim Namen nennen.

Man soll, durch Christus reich beschenkt,
im Glauben dankbar leben
und dann, von Gottes Geist gelenkt,
die Gnade weitergeben.

Deutschlands CDU

Angela Merkel es sehr wohl war,
dass sie die Lieblingsfrau von Kohl war.
Dann prägte sich in ihren Sinn ein:
Ich will auch Bundeskanzlerin sein.
Wie sie von ihrem Meister lernte,
interne Gegner sie entfernte,
bis jeder in der Welt es spürte,
wie wunderbar sie Deutschland führte.
Doch irgendwann ist dann für jeden
die Zeit da, wieder abzutreten;
und man begann von Merkeleien
sich langsam wieder zu befreien
und ihre Fehler ohne Schmerzen
so langsam wieder auszumerzen.
Nun wird von vielen angenommen,
dass mit dem Merz wird Frühling kommen.
Wie Sonne lässt die Blumen sprießen,
wird Deutschland Wohlstand genießen.
Doch das Ergebnis ist sehr offen.
Man kann nur wünschen, beten, hoffen.

Christliche Sehnsucht

Wann endlich werde das ich schauen,
worauf im Leben mein Vertrauen
ich in der Erdenzeit gerichtet
und wovon ich auch hab' gedichtet?

Wann endlich geht mein Leben weiter,
dass ich als ganz von Schmerz Befreiter
nur werde Herrliches erleben,
das Gott mir ewig dann wird geben?

Wann endlich wird es dann geschehen,
dass leiblich ich werd' Jesus sehen,
der durch das Werk, das Er vollbrachte,
mir dieses Heil erst möglich machte?

Wann werde ich dann voller Freude
auch wiedersehen all die Leute,
die mir in meinen Erdenjahren
sehr liebevolle Helfer waren?

Wann werde ich im Himmel droben
dann frei von Sünden Gott stets loben
und besser werde Dank dann sagen
als jetzt in meinen Erdentagen?

Was Christus einstmals hat verheißen,
dass Er den Seinen es will geben,
das wird sich wunderbar erweisen,
wenn wir mit Ihm dann ewig leben.

Ein Wiedersehen

Dass ich nicht mehr hungrig bleibe,
ging ich mal in eine Kneipe,
um zu Mittag dort zu essen.
Dort hat Günter schon gesessen.
Große Freude ist geschehen
über unser Wiedersehen.
Nach drei Bieren und Likören
konnte ich dann dieses hören,
dass er sprach an dieser Stätte:
„Manfred, wenn ich dich nicht hätte,
würd' ich an der Welt verzagen
und von früh bis spät nur klagen,
weil die Menschen sich beschränken,
nur noch an sich selbst zu denken,
und damit sie Sieger seien,
gibt es so viele Streitereien."
Ich sprach zu ihm: „Lieber Günter,
es sind alle Menschen Sünder,
darum wird es hier auf Erden
nie so, wie wir wünschen, werden.
Das kann uns nach unserm Leben
Gott in Seinem Reich nur geben,
wo die bösen, dunklen Mächte,
die der Ursprung für das Schlechte
für auf Erden böses Treiben
ewig ausgeschlossen bleiben.
Wunderbare Herrlichkeiten

will dort ewig Gott bereiten,
und willst du dann diese schauen,
musst du ganz auf Gott vertrauen,
darfst du dessen dich nicht schämen,
Gottes Gnade anzunehmen,
die uns Christen hat erworben,
der für uns am Kreuz gestorben
und aus Seinen Todesbanden
ist zu Ostern auferstanden.“

Matthäus 18,21–35

Kein Mensch auf Erden ist so gut,
dass stets er Gottes Willen tut.
Nur einer jemals schaffte dies,
der Mensch war und der Jesus hieß,
weil dieser Mensch ganz offenbar
besonders Gott verbunden war.

Bei jedem sonst, wer es auch sei,
ist immer auch viel Schuld dabei.

Weil dafür Gottes Strafe droht,
gib acht auf dieses Angebot:
weil Gott der Herr uns Menschen liebt,
Er gern uns Sündern Schuld vergibt.
Wer dieses Angebot nimmt an,
dann frei von Sünden leben kann.

Doch wenn Vergebung du erhältst,
gib acht, wie du dich dann verhältst.
Wenn du nicht selbst barmherzig bist
mit dem, der an dir schuldig ist,
wenn du ihm nicht die Schuld erlässt,
dann stellst du bald bei dir es fest,
dass Gott ganz ernsthaft zu dir spricht:
Die Schuld erlasse ich dir nicht,
weil du den andern nicht gewährst,
was gnädig du von mir erfährst.

So gilt die Strafe Gottes dann
dem, der nicht selbst vergeben kann.

Eine Tagesfahrt am Nikolaustag

An des Nikolauses Tage
wollte ich frei aller Plage
vormittags nach dem Erwachen
eine schöne Fahrt mal machen
und so einen Tag wie diesen
doch recht würdig genießen.

Nach dem Steigen aus dem Bette
und der Morgentoilette
habe ich am Tisch gesessen,
um zwei Schnitten dort zu essen,
und dass aus der Kaffeetasse
ich mir Kaffee schmecken lasse.
Dann ist auch noch Zeit gewesen
für das tägliche Bibellesen.

Dann hab ich das Haus verlassen,
um den Bus nicht zu verpassen,
denn ich war mir da im Klaren:
Ich muss Straßenbahn erst fahren,
dass ich dann auf alle Fälle
pünktlich zu bestimmter Stelle
noch mit manchen andern stehe,
dass es dann mit uns geschehe,
dass, wenn unser Bus dann käme,
er in sich hinein uns nähme.
Als wir eingestiegen waren,

sind wir bald dann losgefahren,
und auf uns beschrieb'ne Weise
gab es die gewünschte Reise,
dass sie Freude in uns wirke,
in das schöne Erzgebirge.

Was beim Ausstieg man erschaute,
war des Schwartenberges Baude;
und es gab in diesem Hause
die geplante Mittagspause,
und so kam in diesem Saale
es für uns zum Mittagsmahle.
Rotkohl, Soße, Schweinebraten,
es war alles gut geraten.

Dann, nachdem wir das verspeisten,
mit dem Bus wir weiterreisten.
Ohne erst noch abzuschweifen,
fuhren gleich wir dann nach Seiffen,
wo wir dort vor allen Dingen
in die schöne Kirche gingen
und der Pfarrer uns erklärte,
was dort von besond'rem Werte.

Von der Kirche

Wenn man von jemandem erfährt,
er hat ein wunderschönes Bild,
behält das Bild auch dann den Wert,
wenn er als Übeltäter gilt.
Bezüglich Kirche gilt der Satz:
Bei dem, was in ihr findet statt,
geht es vor allem um den Schatz,
den diese zu verwalten hat.

Es kommt auf Jesus Christus an
und auf das Werk, das Er vollbracht,
und nicht auf einen Kirchenmann,
der manchmal Schlimmes hat gemacht.

Die Kirche ist auch Teil der Welt;
und deshalb weiß auch jeder Christ,
dass er sich nicht stets so verhält,
wie das von Gott geboten ist.

Doch Jesus Christus ist das Haupt,
das uns als Seine Glieder liebt;
und wer an Jesus Christus glaubt,
nimmt gern das an, was Er uns gibt.

Christliches Denken

Obwohl es kaum ein Mensch versteht,
wieso sich unsre Erde dreht,
und keinen man da sehen kann,
der immer wieder schiebt sie an,

ein jeder Mensch doch selbst es spürt,
dass diese Drehung dazu führt,
dass tags die Sonne hell es macht
und dunkel es bleibt in der Nacht.

Bezüglich Gott auch jedermann
sehr vieles nicht verstehen kann,
denn es ist jeder Mensch begrenzt;
dagegen Gott durch Allmacht glänzt.

Weil manchem Menschen nicht behagt,
dass Gott ihn turmhoch überragt,
in seinem Hochmut so er spricht:
„Für mich gibt diesen Gott es nicht."

Doch wenn auch nie ein Mensch Gott sieht,
verspürt man, was durch ihn geschieht,
wie Er die Weltgeschichte lenkt
und Zeichen Seiner Liebe schenkt.

Dem, der auf Jesus Christus schaut
und Ihm sein Leben anvertraut
und gern im Glauben das nimmt an,
was ihn für ewig retten kann,
dem ist das alles so viel wert,
was ihm durch Christus wird beschert,
dass er sein Leben lang als Christ
Ihn preist und Ihm sehr dankbar ist.

Dankbares Bekenntnis

Es hat bei mir in meinem Leben –
das gilt für jede Lebenszeit –
stets liebe Menschen auch gegeben,
die gern zu meinem Dienst bereit.

So manchen hab' in meinen Werken
ein kleines Denkmal ich gesetzt.
Die Leute dürfen durchaus merken,
wie sehr ich ihren Dienst geschätzt.

Von ihnen manche sind gegangen
den Weg aus diesem Leben schon.
Ich hoffe sehr: Von Gott empfangen
sie einmal den verdienten Lohn.

Ich hoffe auch: Es wird geschehen,
dass ich mit den anderen zugleich
sie einmal werde wiedersehen
für immer dann in Gottes Reich.

Herrn Dr. Tümpel gewidmet

(der mich zweimal operiert hat)

Vertrocknet ganz und gar ein Fluss,
so manches Tier dann sterben muss.
Wenn aber bleiben Tümpel noch,
dann überlebt so manches doch.
Weshalb den Eindruck man gewinnt,
dass Tümpel oft sehr nützlich sind.

Unser kirchlicher Auftrag

Wir sollen nicht groß Spaß bereiten
für eine jeweils kurze Zeit.
Wir sollen hin zu Christus leiten,
zum Leben in der Ewigkeit.

Mit philosophischen Gedanken
sei unser Reden nicht gespickt.
Es soll Verkündigung sich ranken
um Gott, der Seinen Sohn geschickt.

Wir sollen nicht politisch werden.
Was nötig, tue da der Staat.
Für uns ist wichtig, was auf Erden
einst Jesus Christus für uns tat.

Wir sollen nicht an das uns halten,
was in der Welt hier findet statt.
Wir sollen alles so gestalten,
wie Gott es uns geboten hat.

Man darf zwar predigend berichten,
was mit und durch sich selbst geschah.
Doch sollte man darauf verzichten,
ist der Bezug auf Gott nicht da.

Wir sollen nicht auf uns verweisen,
was Gutes alles wir gemacht.
Wir sollen Jesus Christus preisen,
der für uns hat das Heil vollbracht.

Wir sollen nicht von uns betonen,
was alles Gutes wir geschafft.
Doch Gottes Geist will in uns wohnen,
der in uns wirkt mit Seiner Kraft.

Wir müssen es auch nicht verschweigen,
dass wir nur arme Sünder sind.
Doch sollen wir auf Christus zeigen,
durch den der Mensch das Heil gewinnt.

Wir sollen ganz von Gott her leben,
der uns doch wie ein Vater liebt,
und gern die Gaben weitergeben,
die Er an Kraft und Gnade gibt.

Die Botschaft des Propheten Micha

(Kap. 6, Vers 8)

Beim Christsein stets es darum geht,
dass Gott an erster Stelle steht;
und Gott wirkt anders bei uns nicht
als dass Er zu uns Menschen spricht.

Drum setzt sich so das Christsein fort:
Halt dich getreu an Gottes Wort!
Johannes uns dann darauf weist,
dass Gottes Wort nun Jesus heißt.[8]

Der Mensch jedoch sich überschätzt,
sich selbst an erste Stelle setzt;
dann nennt er sich noch Humanist
und meint, dass das sehr gut doch ist.

So gab es schon vor langer Zeit
bei Luther und Erasmus Streit,
denn Herr Erasmus schrieb, es sei
des Menschen Wille immer frei.

Da blieb einst Luther nicht mehr still,
denn ist es doch, was Gott will.
Es fand durch Jesus Christus statt
das Werk, das uns gerettet hat.

---

[8] Johannes 1,14

Wenn Gott man erst den Vorrang lässt,
dann steht jedoch als Zweites fest:
Es kommt, wenn man auf Gott hört, nun
auch an auf uns und unser Tun.

Dass der Gebote große Zahl
uns nicht bereitet große Qual,
man die Zusammenfassung kennt,
die sich die Nächstenliebe nennt.

Die Liebe sieht des Nächsten Not
und die Gefahr, die manchmal droht;
und willst ein rechter Christ du sein,
dann greifst du dabei helfend ein.

Dabei man keine Grenzen zieht,
wenn eines Menschen Not man sieht,
und keiner wird zum Feind erklärt,
dem keine Hilfe man gewährt.

Doch denkt ein Mensch in seinem Wahn:
Wie toll ist das, was ich getan!
Was für ein guter Mensch bin ich,
ein jeder muss doch loben mich.

Die evangelische Kirche und ihre Misere

Die Kirche wirkt jetzt wie gelähmt
und ohne große Kraft,
weil sich des Evangeliums schämt
ein Teil der Pfarrerschaft.

Man spricht das Apostolikum
wie's im Gesangsbuch steht,
doch eiert oftmals nur herum,
wird Glaube mal konkret.

Dass Jesus göttlicher Natur,
davon man nicht mehr spricht.
Für viele war ein Mensch Er nur.
Mehr sagt man von Ihm nicht.

Zwar feiert man das Weihnachtsfest
nach alter Tradition,
zu sagen das man unterlässt:
Gebor'n ist Gottes Sohn.

Maria einst ein Kind gebar.
Mehr damals nicht geschah.
Nicht Gottes Geist am Werke war.
Nicht kam uns Gott ganz nah.

Mit Wundern Jesu, die geschahn
man heute so verfährt:
Sie werden als nicht so getan
legendenhaft erklärt.

Was am Karfreitag einst geschah,
weist zwar auf Jesus hin.
Doch im Geschehn auf Golgatha
sieht man sonst keinen Sinn.

An unsre Schuld wird nicht gedacht.
Das alles wird verschönt.
Man schweigt vom Werk, das Er vollbracht,
mit Gott uns hat versöhnt.

Dann ist auch Ostern wohl ein Fest.
Es feiern, freut uns sehr.
Doch was sich christlich sagen lässt,
fällt heute vielen schwer.

Wenn Jesus nur als Mensch wir sehn,
der dann gestorben war,
dann konnte Er nicht auferstehn.
Die Folgerung ist klar.

In verschiedenen Reichen und Staaten

Wie in den Urkunden zu lesen,
ist es das Deutsche Reich gewesen,
in dem ich einst zur Welt gekommen
und man die Taufe vorgenommen.

Dann ging es darum, wo ich wohne,
und in der sowjetischen Zone
hat meine Schulzeit angefangen,
um recht viel Wissen zu erlangen.

Als dieser Teil von unserm Lande
die DDR sich bald dann nannte,
hab' ich in diesen 40 Jahren
oft Freude und oft Leid erfahren.

Ich bin ein Pfarrer dort geworden,
um dann an zwei verschied'nen Orten
das Gotteswort recht zu verkünden
und die Vergebung unsrer Sünden.

Damit viel Gutes mir geschehe,
nahm eine Frau ich mir zur Ehe,
und sie besteht mit ihr bis heute
wie sowohl mir als auch ihr zur Freude.

Politisch kam es dann zur Wende
und für die DDR zum Ende.
So wurden wir dann in der Tat es:
die Bürger eines andern Staates.

Die BRD, in diesem Lande
kam es mit mir zum Ruhestande;
doch wenn man mich darum gebeten,
hab' viele Pfarrer ich vertreten.

Doch ist mir nun auch Zeit geblieben,
dass manche Bücher ich geschrieben.
So manches wollte ich berichten,
geformt poetisch zu Gedichten.

Was da in Büchern ist erschienen,
soll andern zur Erbauung dienen,
soll rechten Christenglauben lehren
und Gott als Herrn und Heiland ehren.

Dass dieser Staat auf unsrer Erde
für mich das letzte Reich nicht werde,
mir Jesus Christus möglich machte,
der Sein Erlösungswerk vollbrachte.

An Frau M.

Es war einmal ein Philosoph,
und dieser war gewiss nicht doof.
Im Buch, das ich gelesen hab,
er einmal dieser Ratschlag gab:
Verzage auch im Alter nicht,
wenn öfter mal es juckt und sticht.
Doch gib dann mehr acht,
was noch im Leben Freude macht,
und wenn es auch nur Karten sind,
durch die man Lebensmut gewinnt.

PS: Die letzten beiden Verse sind je nach den Verhältnissen folgendermaßen zu ändern:

a) So wie es zwischen uns geschieht,
wo man sich hin und wieder sieht.

b) Und wenn es eine App nur ist,
die zeigt, dass man dich nicht vergisst.

c) Zeigt man auch nur durchs Telefon:
Du bist doch nicht vergessen schon.

Sensation im Supercup

August 2023

Man spielt den Fußball in Vereinen,
und dabei soll ein jeder meinen:
Als Bester wäre der zu nennen,
den wir als Bayern München kennen.
Sehr vieles Geld ihm möglich machte,
dass er's zu vielen Titeln brachte.
Und der Verein hat als Devise,
die ihm das möglich machte, diese:
Gibt's gute Spieler bei Rivalen,
dann müssen wir viel Geld bezahlen,
damit die, die Erfolg erzielen,
dann alle nur bei uns noch spielen.
Wir wollen stets die andern schwächen,
weil wir uns dann davon versprechen,
egal was andere beginnen,
doch stets den Titel wir gewinnen.
Damit in Worten und Gebärden
sie nicht zu übermütig werden,
müsst ihr, die andern, Bayern schlagen,
wie's Leipzig hat in diesen Tagen,
damit wir wieder Fußball lieben,
der nicht dem Mammon sich verschrieben.

PS: Ich bin ein gebürtiger Leipziger.

Christlicher Trost

Was kann man von der Welt erwarten,
von der den Eindruck man gewinnt:
Es siegen immer nur die Harten
und die, die ohne Skrupel sind.

Die körperlich und geistig Schwachen
und die, die im Gemüt zu weich,
will man betrügen und verlachen,
macht sie den Fußabtretern gleich.

Doch einer steht an deren Seite,
der Jesus heißt und Gottes Sohn,
dass Er sie schütze und geleite
zu Seines lieben Vaters Thron.

Die Bibel und wir

(2. Sam. 12,1–10)

Von verschiedenen Geschichten
will die Bibel uns berichten.
Doch was hat in unsern Tagen
uns das alles noch zu sagen?

Sie will Beispiele uns geben,
damit wir in unserm Leben
dann in allen unsern Sachen
möglichst alles richtig machen.

Einmal Nathan es erzählte,
wie ein Reicher sich verfehlte
mit dem Schaf des armen Mannes,
denn er sagte sich: Ich kann es.

Als das König David hörte,
er dabei sich sehr empörte,
und er sprach: Für sein Verhalten
muss er Strafe dann erhalten.

Doch dann kann den Satz man lesen:
„Nathan sprach: ‚Du bist's gewesen,
hast Urias Frau genommen,
welcher deshalb umgekommen.'"

Wie wir an dem Beispiel sehen,
mag im biblischen Geschehen
es zwar gern gehn um fremde Leute,
jedoch stets um uns auch heute.

Es geht darum, dass wir spüren:
Sünde muss ins Elend führen,
doch Gott schenkt uns Gnadengaben,
dass durch Ihn das Heil wir haben.

Das Festgeläute

Das morgendliche Festgeläute
war nicht für alle eine Freude.
So manche harte Schläge trafen;
sie wollten so gern weiterschlafen.

Doch diese, die sich überwanden,
dass zeitig sie sind aufgestanden,
damit zum Gottesdienst sie gingen,
dort Hilfe, Trost und Kraft empfingen.

Ein Hund

Es lief zu einem Baum ein Hund,
und es gab dafür diesen Grund:
Er hob das rechte Hinterbein,
um recht erleichtert dann zu sein.

Ein andrer keinen Baum mal fand.
Doch weil ein Leitungsmast dort stand,
gab dieser Hund die ganze Last
statt einem Baum dann diesem Mast.

Heutige Hauptaufgabe

Nötig ist vor allen Dingen,
heute Menschen beizubringen,
Angebote unterscheiden
und was sündig ist dann meiden.

Denn das sündige Begehren
kann nur kurze Zeit gewähren;
doch wird Unruhe verbleiben
nach von Gott verbot'nem Treiben.

Und ein Sünder muss sich fragen:
Was wird nach den Erdentagen
dann mit mir einmal geschehen,
wenn vor Gott ich werden stehen?

Echtes Glück in unserm Leben
kann nur Gott uns Menschen geben,
denn der wahre Seelenfrieden
wird uns nur von Ihm beschieden.

Es wird allen uns zum Segen,
gehen wir auf rechten Wegen,
wenn wir immer danach trachten,
was Gott will, recht zu beachten.

Doch wer falschen Weg beschritten
und darunter hat gelitten,
darf auf Gottes Gnade hoffen.
Er lässt uns den Rückweg offen.

Er empfängt uns mit Erbarmen
mit in Liebe off'nen Armen
und will gern uns von Schuld befreien,
dass wir frei und fröhlich seien.

Es hat der das Heil gefunden,
der mit Christus ist verbunden,
und das ist für alle Leute
doch die allergrößte Freude.

So lässt Gott uns schon auf Erden
glücklich und zufrieden werden
und will größ're Herrlichkeiten
uns in Ewigkeit bereiten.

Der Idealmensch

Wenn ich mit ihm zusammen bin,
dann merk' ich jedes Mal:
Nur Gutes hat er stets im Sinn.
Er ist so ideal.

Und macht die anderen er schlecht,
sind wirklich böse sie.
Er hat in allem immer recht
und Fehler macht er nie.

Und wenn er wirklich mal versagt,
was doch geschehen kann,
er immer über andre klagt,
Sie nur sind schuld daran.

Der Allergrößte in der Welt,
das ist natürlich er;
und der nur ist's, der ihm gefällt,
der dafür lobt ihn sehr.

Frau Pracht und der Schnee

Seh' draußen ich die weiße Pracht,
dann wird von mir an dich gedacht.
Ich denke dann nur immerzu:
Die weise Pracht, das bist doch du!

Nein zum Kirchenaustritt

Hast ein Schatz du mal bekommen,
der einen großen Wert enthält,
dann wird von dem auch nichts genommen,
wenn einmal in den Dreck er fällt.

Die Kirche hat den Schatz erhalten,
dem an Gewicht kein andrer gleich,
die Gnade Christi zu verwalten
für jetzt und für das Himmelreich.

Wenn nun durch manche Kirchenleute
ein großes Unrecht auch geschah,
so ist doch in der Kirche heute
auch Christus uns zum Heile nah.

Sagt jemand: Wegen schlimmer Taten
tritt aus der Kirche aus nun er,
dann wird er zwar der Kirche schaden,
doch schadet er sich selber mehr.

Obwohl die Kirche aus Personen,
die alle Sünder sind, besteht,
will dennoch Christus in ihr wohnen,
um den es in der Kirche geht.

Drum soll es in der Kirche tönen,
so deutlich sie es sagen kann:
Lasst alle euch mit Gott versöhnen,
Er bietet Seine Gnade an.

Es wird euch Herrliches beschieden,
seid ihr zu Seinem Dienst bereit.
Im Herzen habt ihr Gottes Frieden
und Hoffnung auf die Ewigkeit.

Festgedicht zur Ordination und Amtseinführung von Frau Pfarrerin Lautzas

in die Pfarrstelle am Dom St. Marien zu Zwickau am Sonntag, dem 5. März 2023

Wenn Sie jetzt hier nach Zwickau ziehen,
um an dem Dom, an Sankt Marien,
die Pfarrstelle hier zu besetzen,
dann können wir uns glücklich schätzen,
dass die Vakanz hier wird beendet,
indem man Sie hierher gesendet.
Sie sind jetzt hier auf alle Fälle
die erste Frau an dieser Stelle.
Doch sag' ich alles Gendern meidend:
Allein die Botschaft ist entscheidend.
Sie werden Gottesdienste halten,
um Gottes Wort recht zu entfalten,
dass Jesus Christus wird verkündet,
auf den sich die Gemeinde gründet,
dass Sie mit Worten und mit Händen
das Abendmahl uns Christen spenden,
dass wir Vergebung da empfangen
und Gottes Gnade so erlangen
und uns dann noch den Segen spenden,
bevor der Gottesdienst wird enden.
Sie werden Konfirmanden lehren,
wie recht sie Gott im Glauben ehren,
und auch in den Gemeindekreisen

in Glaubensfragen unterweisen,
erläutern in den Bibelstunden,
wie Gott mit Menschen sich verbunden.
Sie taufen dann, wie Christus lehrte,
dass man mit Ihm verbunden werde.
Wir lassen es auch gern geschehen,
dass wir im Kirchenchor Sie sehen.
Wir hoffen, dass für unser Leben
Sie Hilfe uns und Vorbild geben,
denn es soll auch bei uns in Sachsen
die Zahl der Christen möglichst wachsen.
Es möge Ihnen hier gelingen,
zum Glauben viele neu zu bringen.
Um Gott und Menschen recht zu dienen,
ist unser Wunsch, dass Gott stets Ihnen
auf allen Ihren Lebenswegen
gebe Kraft und Seinen Segen.

Jahreslosung 2024

(1. Korinther 16,14)

Wichtig sind der Menschen Taten,
ob sie nützen oder schaden;
doch sind auch Motive wichtig,
ob es falsch wird oder richtig.

Christen soll'n zu allen Zeiten
sich von Liebe lassen leiten,
sollen immer darauf sehen:
liebevoll soll es geschehen.

Solche, die den großen Namen
hier in dieser Welt bekamen,
gingen oft auch über Leichen,
ihre Ziele zu erreichen.

Will ein Mensch vor allen Dingen
es zu Geld, zu Wohlstand bringen,
sieht er andre nur mit Freuden,
um sie für sich auszubeuten.

Die nach Ruhm und Ehre streben,
sich bei andern Mühe geben,
dass sie nicht als Konkurrenten
sie mal übertrumpfen könnten.

Die nun, die nur solche Sachen,
welche Lust bereiten, machen,
wollen unbequeme Pflichten,
welche nötig, nicht verrichten.

Manche wollen gar nicht lieben,
weil, von Wut und Hass getrieben,
sie sich lieber wollen rächen,
als Vergebung auszusprechen.

Handlungen aus Vorteilsgründen
oft in Streitereien münden,
die das Leben uns erschweren,
anstatt dass wir glücklich wären.

Christen als von Gott Gelenkte
liebevoll von Ihm Beschenkte
sollten gern in ihrem Leben
diese Liebe weitergeben.

Vorfreude auf den Urlaub

Zum schönen Bayerischen Wald,
wo wir schon manchmal waren,
dorthin wird von uns wieder bald
zum Urlaub hingefahren.

Dort gibt es eine Pension,
die die Diana leitet,
und die hat inzwischen schon
viel Freude uns bereitet.

Die Landschaft dort gefällt uns sehr,
von der ich längst schon schwärme;
jedoch gefällt mir noch viel mehr
Dianas Herzenswärme.

Bald wird so manches eingepackt,
auch meine Badesachen.
Ich bade doch im Pool nicht nackt,
das darf man dort nicht machen!

Herausragendes

Von der ganzen Welt Planeten
ist die Kenntnis nicht vonnöten.
Doch für uns von höchstem Werte
ist nur diese unsre Erde.

Vieles hilft in vielen Fällen
zum Erwärmen und Erhellen;
doch ist nichts mit dem zu vergleichen,
was die Sonne kann erreichen.

Vieles schon an vielen Orten
ist uns wichtig einst geworden;
doch der wichtigste der Namen
ist, wo auf die Welt wir kamen.

Bücher sind schon viel erschienen,
welche uns zum Guten dienen;
doch keins ist dem gleich zu nennen,
das wir als Bibel kennen.

Menschen, welche sind und waren,
gab es viel in all den Jahren.
Einer ragt heraus aus diesen,
welcher Jesus hat gehießen.

Mancher manches schon erdachte,
was das Leben leichter macht.
Aber dass wir ewig leben,
kann nur Jesus Christus geben.

Er am Kreuz das Werk vollbrachte,
das Vergebung möglich machte,
und vom Tode auferstehen
gibt's, weil es durch Ihn geschehen.

Gott und Christus über alles

Nicht will ich anderen verschweigen:
Ich bin des Herrn Christus Eigen
und hab' in meinen Lebensjahren
viel Herrliches durch Ihn erfahren.

Doch muss ich leider auch bekennen:
Man kann mit Recht mich Sünder nennen.
Ich bin Gott nicht stets treu geblieben,
tat nicht stets, was Er vorgeschrieben.

Drum ist es anders oft gekommen,
als ich mir habe vorgenommen.
Wo ich besonders wollte glänzen,
da zeigte oft mir Gott die Grenzen.

Er führt auf unsern Lebenswegen
der Ewigkeit bei Ihm entgegen.
Wir dummen Menschen aber schielen
sehr oft nach den verkehrten Zielen.

Wer Gottes Ziel nicht will verpassen,
der muss Ihn an sich wirken lassen,
auf Gott mehr als auf sich vertrauen,
auf Christus und Sein Werk recht schauen.

Nationalhymne der Christen in Deutschland

(Melodie von Joseph Haydn)

Erste Strophe
Gott und Christus über alles,
über alles in der Welt,
weil man nur durch Jesus Christus Heil von Gott als Mensch erhält.
Gott versorgt uns hier auf Erden während unsrer Lebenszeit;
und es wird noch besser werden dann in Seiner Ewigkeit.

Schillers Ode an die Freude und wir

Die Ode an die Freud ist
von Schiller, was man nie vergisst,
denn Beethoven vertonte sie
in seiner 9. Symphonie.

Uns Christen da erfreut es sehr,
dass auch von Gott klar redet er.
Zu Ihm er sich da klar bekennt
und Ihn den lieben Vater nennt.

Es macht mir darum nicht Genuss,
dass ich auch kritisieren muss.
Gott blieb nicht überm Sternenzelt,
als Jesus kam als Mensch zur Welt.

Er hat für uns ein Werk vollbracht,
das von den Sünden frei uns macht.
Des Todes Macht er für uns brach,
ein Christ folgt Ihm zum Himmel nach.

Und Jesus setzt sein Wirken fort,
wirkt geistlich jetzt mit Seinem Wort;
und in dem Abendmahle man
auch leiblich Ihn empfangen kann.

Und wer als Christ sein Leben führt,
auch immer wieder einmal spürt,
dass, wenn man betet, Seine Kraft
auch manchmal große Wunder schafft.

Die Pauluskantorei

In Zwickau, in Marienthal,
gibt es den schönen Kirchensaal,
in dem die Pauluskantorei,
bei der auch ich bin mit dabei,
stets donnerstags die Probe hat,
damit das später findet statt,
dass dann ein Werk, wie's sich gebührt,
wird in der Kirche aufgeführt.
Ich singe dabei mit im Bass,
und große Freude macht mir das,
besonders wenn der Komponist
ein weltbekannter Meister ist.

Jedoch dort ich auch Menschen fand,
die ehrlich mir sind zugewandt,
die manches Mal schon zeigten mir:
Ich wünsche alles Gute dir.
Vor allem mancher Sängerin
ich da von Herzen dankbar bin,
dass das, was sehnend ich begehrt',
sie mir barmherzig hat gewährt.
Denn welcher Mensch wünscht sie sich nicht,
die Liebe, von der Jesus spricht,
die Menschen wohl als Sünder sieht,
doch wo Barmherzigkeit geschieht?
Solange dies hier findet statt,
der Chor noch eine Zukunft hat.

Ein Mann namens Manfred

Es ist schon wichtig, welchen Namen
wir einst nach der Geburt bekamen.
Ich heiße Manfred – Mannesfrieden.
Durch mich wird Frieden gern beschieden.
Das böse Miteinanderstreiten,
das kann ich ganz und gar nicht leiden.
Schon lange ist es mein Begehren,
dass alle Menschen friedvoll wären.
Doch das ist in der Welt nicht üblich,
und dieses ist für mich betrüblich.
Jedoch bei Gott im ew'gen Leben,
da wird es keinen Streit mehr geben.

Der Fund

Als Hildegard am Bücherstand
von Elsässer ein Buch mal fand,
da hat sie still bei sich gedacht:
Das hat der Manfred gut gemacht.

Und als sie dann zu Hause saß
und eifrig die Gedichte las,
sie neidlos diesen Ausspruch tat:
„Das war mein Klassenkamerad!"

Logisches Gendern

Wer heute Wert legt auf das Gendern,
der müsste dann auch dieses ändern:
Wenn jemand mit dem Satz beginnt,
dass alle Menschen Sünder sind,
der müsste folglich so beginnen:
Es sind auch Menschen SünderInnen.

Gott, Jesus und wir

Gott ist viel größer, als wir ahnen.
Es kommt kein Mensch zu Ihm hinauf.
Er hält die Welt in ihren Bahnen.
Er lenkt auch unsern Lebenslauf.

Jedoch ist Gott herabgekommen
zur Erde, wo wir Menschen sind,
hat Menschlichkeit hier angenommen.
In Jesus wurde Gott ein Kind.

Es gab doch diesen großen Graben,
der zwischen Gott und Mensch besteht,
den wir durch Schuld verursacht haben,
um welchen es bei Jesus geht.

Er, der nie eine Sünde machte
und immer Gott gehorsam war,
für uns mit Gott den Frieden brachte,
Er bot als Sühnopfer sich dar.

Er ließ auf Golgatha Sein Leben.
Durch Seinen Tod es dazu kam,
dass Gott uns Sünde will vergeben,
weil Er die Strafe auf Sich nahm.

Was damals uns zum Heil gewesen,
was da auf Golgatha geschah,
das kann man in der Bibel lesen,
denn sie ist deshalb für uns da.

Wir sollen dann uns nur nicht schämen,
in Demut und in Dankbarkeit
das Heil im Glauben anzunehmen,
das Christus für uns hält bereit.

Dann können wir vor Gott bestehen
und können ganz bei Ihm dann sein.
Wir werden vom Tod auferstehen,
wie das mit Jesus einst trat ein.

Ein Leben voller Herrlichkeiten,
von Erdenleid und Schuld befreit,
will Gott durch Christus uns bereiten
bei Sich in seiner Ewigkeit.

Welt, Kirche und Christus

Es ist um diese unsre Welt
jetzt nicht besonders gut bestellt.
Viel Schlimmes jetzt in ihr geschieht,
wie jeder selbst es hört und sieht.
Gut ist, was Gott geschaffen hat,
jedoch fand dann die Sünde statt.
Der Mensch bei Gottes Wort nicht blieb,
weil Satan ihn zur Sünde trieb,
weshalb den Menschen Gott verstieß
aus sündefreiem Paradies;
und nun gibt es seit langer Zeit
auf dieser Erde auch viel Leid.
Doch herrscht hier nicht der Satan bloß.
Es lässt Gott diese Welt nicht los.
Er bleibt ihr gnädig zugewandt
und hat den Retter ihr gesandt.
Es kam in sie von Gottes Thron
einst Jesus Christus, Gottes Sohn,
der deshalb zu uns Menschen kam,
dass unsre Schuld Er auf Sich nahm,
und damit hat das Werk vollbracht,
das von den Sünden frei uns macht,
weil Gott uns nun als Vater liebt,
um Christi Willen Schuld vergibt,
und, weil Er sich mit uns verband
und dann zu Ostern auferstand,
Er uns das neue Leben dann

bei Gott für immer geben kann.
Drum geht der Kirche es nicht nur
um die Bewahrung der Natur.
An Wert viel weiter oben steht,
worum es in der Kirche geht.
Es geht um Gottes Strafgericht,
wo Jesus dann das Urteil spricht,
ob man als Strafe das erhält,
dass der Verdammnis man verfällt.
Es geht um Gottes Angebot
der Rettung aus der Sünde Not.
Es geht um jedes Menschen Heil,
ob er einmal an dem nimmt teil,
dass er in Gottes Reich geht ein,
um ewig dann bei Ihm zu sein,
um stets zu spüren Gottes Pracht,
was Jesus möglich hat gemacht.
Es ist die Kirche dazu da,
zu sagen, was durch Gott geschah:
Durch Christus findet Rettung statt,
die Er für uns ermöglicht hat.

Die Pauluskirchgemeinde Zwickau und der Namensgeber

Es nennen als Gemeinde hier
uns nach Apostel Paulus wir,
und deshalb ist es unsre Pflicht,
dass man auch mal von Paulus spricht,
damit kein Mensch es hier vergisst,
was dieser Paulus für uns ist,
der doch der größte Missionar
für Jesu Christ Kirche war.
Ihm war nicht nur im Römerreich,
wo einst er lebte, keiner gleich;
er ist darin auch heute noch,
wenn man vergleicht, der Größte noch.
Auch was er in den Briefen schrieb,
von allergrößter Wirkung blieb,
sodass auch mancher, der ihn kennt,
den größten Theologen nennt.

Doch es wird alles ganz verkehrt,
wenn Paulus man zu hoch verehrt.
Es wollte dieser Mann allein
der Diener, Sklave Christi sein.[9]
Dem Paulus stets es darum geht,
dass der im Mittelpunkt nur steht,
den Jesus Christus man genannt,

---

[9] vlg. Römer 1,1

der Tod und Teufel überwand,
der für uns hat das Heil vollbracht,
der frei uns von der Sünde macht
und der uns alle retten kann,
nimmt man im Glauben das recht an,
was einst durch Christus ist geschehn
durch Sterben und durch Auferstehn.

Christliche Grundsätze

Wenn auch die Bibel manches sagt,
was uns als Menschen nicht behagt,
sei doch die Kirche unverzagt,
dass sie auch das zu sagen wagt.

Es wird ganz klar herausgestellt,
wie sich's mit Gott und Mensch verhält.
Gott ist der Herr, der Mensch ist Knecht;
uns zu befehlen, hat Gott das Recht.

Drum bilde sich kein Mensch das ein:
Wer Gutes tut, kann stolz dann sein;
denn tut er Gutes manches Mal,
dann tut er nur, was Gott befahl.

Jedoch tut diese seine Pflicht,
der Mensch in vielen Fällen nicht,
weil meistens er sich so verhält,
dass davon Vorteil er erhält.

Oft finden durch ihn Dinge statt,
die Gott uns doch verboten hat;
und oft er Taten unterlässt,
die Gott als Pflicht uns legte fest.

Da zeigte uns nun die Bibel klar,
was alles bei uns Sünde war,
und dass für diese Schuld uns dann
mit Recht Gott hart uns strafen kann.

Doch weil uns Gott als Vater liebt,
es dennoch für uns Rettung gibt.
Doch liegt sie nicht in unsrer Hand.
Das gibt die Bibel auch bekannt.

Die Rettung für uns so geschieht,
dass man auf Jesus Christus sieht,
den, weil für uns Er Strafe trug,
als Sühne an das Kreuz man schlug.

Nimmt man Sein Werk im Glauben an,
man doch gerettet werden kann;
denn Jesus macht von Schuld uns frei,
damit uns Rettung möglich sei.

So folgt ein Christ dann Jesus nach,
wie Er den Seinen es versprach,
dass das Vom-Tode-Auferstehn
dann auch mit ihm so kann geschehn,

dass er in Gottes Reich kehrt ein,
um ewig dann bei Ihm zu sein,
dass er von Erdenleid befreit
dann lebt in Gottes Herrlichkeit.

Melodie: Großer Gott, wir loben dich!

1.

Jesus, sei uns zugewandt,
segne uns mit deinen Gaben,
dass wir auch in unserm Land
wieder mehr an Christen haben,
dass mehr Menschen haben teil
am von dir gewirkten Heil.

2.

Hilf, dass Sünde, die zerstört,
mehr aus unsern Kreisen schwindet,
dass man mehr auf Dein Wort hört
und mit Vollmacht es verkündet;
denn es kannst nur Du allein
unser Haupt und Helfer sein.

Frühlingsbeginn 2023

Der Frühling kommt mit seiner Pracht,
und alle finden gut ihn.
Dagegen wird viel schlecht gemacht
in Russland jetzt von Putin.

Gott schuf die Sonne in der Welt,
damit auf unsrer Erde,
wenn diese deren Strahl erhält,
es hell und warm dort werde.

Damit auch dieses überall
auf Erden kann geschehen,
ist bei der Erde das der Fall,
dass sie sich selbst kann drehen.

So gibt es Tag und Nacht,
gibt es die Jahreszeiten,
wächst alles, was es möglich macht,
uns Essen zu bereiten.

So schafft, was Gott einst hat getan,
das, was für uns vonnöten.
Doch Putin kann im Größenwahn
nur andre Leute töten.

So ist vom Frühling der Beginn
ein Grund, Gott recht zu ehren.
Doch das, was Putin hat im Sinn,
das soll man ihm verwehren.

Anfang März 2023

Ist es auch noch
jetzt draußen kalt,
so kommt ja doch
der Frühling bald.

Johannes 14,6

1
An Wegen gibt es wohl sehr viel.
Nur Jesus führt zum schönsten Ziel.
Lässt Ihn du Herrn und Heiland sein,
lässt Er dich in Sein Reich hinein.

2a)
Die Wahrheit für uns Sünder ist,
dass du als Mensch verloren bist,
nimmst du nicht Jesus Christus an,
der dich von Schuld befreien kann.

b)
Die Wahrheit mit dem Satz beginnt,
dass alle Menschen Sünder sind.
Doch Jesus hat das Werk vollbracht,
das von den Sünden frei uns macht.

3a)
Des Lebens Ende jedem droht.
Nur Jesus überwand den Tod.
Und wer Ihm ganz vertraut, der kann
mit Ihm auch ewig leben dann.

b)

Von Jesus Christus ist bekannt,
dass von dem Tod Er auferstand;
und wenn ihr Ihm euch ganz ergebt,
dann auch mit Ihm ihr ewig lebt.

Zum Frauentag

Mit einer Ehefrau ist's so:
Sie macht dich immer wieder froh,
weil sie mit Liebe an dich denkt
und immer wieder Freude schenkt.
Sie trägt mit dir so manche Last,
die leider du auf Erden hast;
und wenn dich manches sehr erbost,
dann spendet sie dir starken Trost,
sodass du immer schnell vergisst,
wie schlimm es in der Welt oft ist.

Feministische Politik

Gebt Frauen das Ministeramt,
denn tüchtig sind sie allesamt!
Vor allem für das Militär
muss wieder eine Dame her!
Auch für die Außenpolitik
hat eine Frau stets viel Geschick,
wie jetzt man hier in Deutschland sieht,
was durch Frau Baerbock da geschieht.

Kirche – Traum oder Wirklichkeit

Eine Anspielung auf das Bibelwochenlied 2023

Statt von Kirche nur zu träumen,
sollten Christen nicht versäumen,
in der Welt sich nicht zu schämen,
Jesus Christus ernst zu nehmen
und auch alle Seine Gaben,
die wir Christen von Ihm haben.
Er will als das Haupt uns lenken,
will uns Kraft und Gnade schenken,
lässt uns Seine Hilfe spüren,
will als guter Hirte führen
auf von Ihm gebahnten Wegen
einem schönen Ziel entgegen,
wo wir ewig ohne Leiden
wunderbare Herrlichkeiten,
die uns Christen Gott will geben,
dann durch Christus dort erleben.

Gegendertes

Bei jedem Menschen findet statt,
dass er auch eine Stimme hat.
Sie hat das weibliche Geschlecht.
Das ist bei einem Mann nicht recht.

Denn was bei einem Mann geschieht,
zeigt da doch einen Unterschied,
weil er, durch sein Geschlecht bedingt,
doch etwas tiefer spricht und singt.

Es singt ein Mann in einem Chor
im Bass nur oder im Tenor.
Bei einer Frau die Stimme schallt
in dem Sopran da oder Alt.

Da sage ich als Feminist,
dass das doch zu verbessern ist.
Man fange da zu gendern an,
damit man das bald ändern kann.

Was nötig ist, ist gar nicht schlimm.
Mann sage nur statt „Stimme“ „Stimm“;
und dabei fällt dann gar nicht schwer:
Bei „Stimm“ heißt es statt „die“ dann „der“.

Es lobt man dann der Stimme Klang,
weil aus dem Mund der Frau sie drang.
Den Stimm des Mannes lobt man nicht,
weil nicht so hold klingt, wenn er spricht.

Reformationsjubiläum 2023

Am Tag der Reformation
erlebt man dieses heute schon:
Verschlossen ist das Gotteshaus.
Der Gottesdienst fällt hier jetzt aus.

Was Martin Luther uns gelehrt,
ist vielen scheinbar nichts mehr wert.
Nur Jesus hat das Werk vollbracht,
das uns für immer selig macht.

Zu Luthers Zeit fand dieses statt,
dass lautstark man verkündet hat:
„Sobald das Geld im Kasten klingt,
die Seele in den Himmel springt."

Es bleibt bei einem solchen Satz
für Jesus Christus dann kein Platz,
wenn alles sich ums Geld nur dreht,
das stets an erster Stelle steht.

Nun hat man auch bei uns vielleicht
genau denselben Punkt erreicht,
dass nur auf Weltliches man schaut
und nicht auf Christus recht vertraut.

Wenn nicht mehr klar man sagen kann:
„Es kommt auf Jesus Christus an.
Er ist viel wichtiger als Geld“,
ist’s um die Kirche schlecht bestellt.

Und weil ihr wieder Schaden droht,
tut dies vor allem andern Not,
dass man, erfüllt von Gottes Geist,
auf Jesus und Sein Werk uns verweist.

Vergangenheitsprobleme

Es gab – so weiß man längst es heute –
im DDR genannten Staat
doch eine ganze Menge Leute,
die für die Stasi Dienste tat.

Jedoch dann kam für uns die Wende,
und es kam eine neue Zeit.
Was manche taten, war zu Ende;
was blieb, war die Vergangenheit.

Nun mussten diese verschweigen,
was sie in dieser Zeit gemacht.
Man durfte niemandem es zeigen,
es hätte Schaden sonst gebracht.

Ich wollte es so gern erleben,
dass man zu mir da ehrlich ist.
Ich wollte gern auch Schuld vergeben,
denn ich bin lange schon ein Christ.

Wenn Jesus Christus ernst wir nehmen,
was Er getan, was Er gelehrt,
dann braucht uns keine Angst zu lähmen,
denn dann wird Gnade uns beschert.

Dann wird die Seele Frieden haben,
so herrlich, wie nur Gott ihn gibt;
und wir sind reich an Gottes Gaben,
weil Er uns als ein Vater liebt.

Leipzig und ich

Für mich ist Leipzig diese Stadt,
die wesentlich Bedeutung hat.
Als 1940 war,
dort meine Mutter mich gebar.
Dort auch die Taufe ich empfing,
zwölf Jahre ich in die Schule ging.
Dort habe ich entwickelt mich.
Dort lernte auch das Laufen ich.
Dort spürte ich zum ersten Mal,
der Liebe Lust und ihre Qual.
Ich hab' die erste Fahrt getan
mit Straßen- und mit Eisenbahn.
Dort ich die erste Torte aß,
zum ersten Mal im Auto saß;
dort machte ich den Führerschein,
wollt' selber mal Autofahrer sein.
Als dort das Stadion entstand,
hat man an Schulen sich gewandt.
So half ich damals ohne Lohn
beim Bau von Leipzigs Stadion,
wofür die Nadel ich erhielt[10]
und wo jetzt RB Leipzig spielt.
Dort sprach mich einst ein Pfarrer an,
ob ich nicht auch das werden kann.
Es war sein Name Göserich.

---

[10] Gemeint ist die silberne Aufbaunadel für mehr als 25 unentgeltliche Arbeitsstunden.

Er sprach zu mir: „Gott will auch dich!“
So habe ich das Fach studiert,
das in das Pfarramt mich geführt.
Es war Professor Sommerlath,
der damals sehr geprägt mich hat.

Auch als ich dann aus Leipzig fort,
zog's immer mich an diesen Ort.
Hierher zu fahr'n, war ich bestrebt,
als meine Mutter noch gelebt.
Es war so manche Tagung hier,
wo hinzufahr'n, war Freude mir.
Zu freudevollem Wiedersehn
sind Klassentreffen hier geschehn.
Als einmal die Buchmesse fand statt,
sich Folgendes ereignet hat:
An einem Bücher-Messestand
mit „Frieling“ den Verlag ich fand,
bei dem es dann zustande kam,
dass er von mir Gedichte nahm,
die er als Buch herausgebracht,
womit er glücklich mich gemacht.
Das siebte Buch nun schon erschien,
dazu auch noch Anthologien,
wo zwar nicht alles insgesamt,
jedoch ein Teil von mir drin stammt.

Jesu Jünger und wir

Wir sollten nicht die Bibel schelten,
dass sie von Schuld bei Jüngern spricht.
Sie waren damals keine Helden,
und wir sind heute auch es nicht.

Von Jesu Jüngern wir erfahren:
Es fand bei ihnen leider statt,
dass sie nur arme Sünder waren,
dass Petrus gar gelogen hat.

Die Jünger wollten nicht erscheinen
viel besser, als sie wirklich sind;
man sollte nicht von ihnen meinen,
dass man durch sie das Heil gewinnt.

Man sollte nur auf Jesus schauen,
der für uns hat das Heil vollbracht,
und darum sollte man vertrauen
auf Gottes, nicht der Menschen Macht.

Weil wir aus Gottes Gnade leben,
die man durch Seinen Geist erhält,
soll man auch Ihm die Ehre geben,
und nicht den Menschen auf der Welt.

Wenn hier in Deutschland, hier in Sachsen,
man so auf Jesus Christus sieht,
dann kann auch hier die Kirche wachsen,
so wie in China das geschieht.

Leistungswertung

Wenn nach dem Tod die Chance fehlt,
sich selbst noch sehr zu preisen,
wenn die Beziehung nicht mehr zählt
zu allerhöchsten Kreisen,

dann kommt es auf die Leistung an,
die wirklich man vollbrachte,
ob nicht vielleicht zu hoch einst man
von diesem Menschen dachte.

Bei manchen Menschen weiß man jetzt –
man merkte es nach Jahren –,
man hat so manche unterschätzt,
weil sie bescheiden waren.

Doch jeder Mensch sein Augenmerk
vor allem darauf richte:
Wer tat für uns das größte Werk
der ganzen Weltgeschichte?

Dass Jesus aus der Sünde Not
durch Sein Werk uns erlöste,
in Gottes Reich führt nach dem Tod,
das ist das Allergrößte.

Rettung oder Untergang – Bußtagsgedanken

Wenn wir als Menschen diese Welt
in Augenschein jetzt nehmen:
Es ist nicht gut um sie bestellt,
es wimmelt von Problemen.

Die Menschen fragen sich jetzt bang,
was in der Zukunft werde.
Wie weit geht bald der Untergang
von dieser unsrer Erde?

Ist das die Lösung, dass man tagt,
um gutes Spiel zu spielen,
dass man da schöne Worte sagt
von lauter edlen Zielen?

Ist das die Lösung, dass man fest
sich an den Asphalt kettet,
so Autos nicht mehr fahren lässt
und damit die Welt rettet?

Dass Dreck man auf die Bilder schmeißt
in unseren Museen
und so auf das Begehren weist:
„Es muss etwas geschehen!"?

Die Rettung darin nur besteht,
sich neu Gott zuzuwenden.
Wenn stolz man diesen Weg nicht geht,
wird Unheil niemals enden.

Gott bietet Seine Hilfe an.
Er gibt uns zu verstehen:
Wenn wir auf Sein Wort hören, dann
wird alles besser gehen.

Das, was zerstörend man begehrt,
darauf kann man verzichten,
wenn man auf das, was Gott gewährt,
zuerst den Blick wird richten.

Gott hält als Vater uns bereit
das, was man braucht zum Leben,
und will nach dieser Lebenszeit
das ewige Leben uns geben.

So hilft uns Gott im Glauben sehr,
die Erde zu bewahren,
und gibt uns Hoffnung, dass noch mehr
wir dann bei Ihm erfahren.

Rettung vor falschem Spiel

Sehr viele Leute heute meinen:
Man muss besonders stark erscheinen,
weil heute scheinbar nur noch Helden
auf unsrer Erde etwas gelten.

Man darf keine Schwachheit zeigen,
und alle Schuld muss man verschweigen,
auf dass ein jeder Mensch es merke:
Ich bin von einer großen Stärke.

So darf vor andern nicht geschehen,
dass sie bei mir auch Schwachheit sehen,
und nie darf ihnen es gelingen,
dass davon Vorteil sie erringen.

Auch solche Ängste uns beschleichen,
dass unsre Freunde von uns weichen,
wenn über uns sie das erfahren,
dass wir statt Helden Sünder waren.

Jedoch macht letztlich kein Vergnügen,
sich selbst und andre zu belügen,
weil wir in unserm Innern spüren,
dass Lügen zu nichts Gutem führen.

Drum kann ich jedem für sein Leben
nur dieses jetzt als Ratschlag geben:
Gib völlig dich in Gottes Hände!
Dann hat das falsche Spiel ein Ende.

Denn Gott kennt alle unsre Schwächen
und weiß, dass dem wir nicht entsprechen,
was Er uns sagt als Seinen Willen,
dass wir im Leben ihn erfüllen.

Doch was auch schuldig wir geblieben,
will Gott uns doch als Vater lieben.
Er will uns unsre Schuld verzeihen,
von schlechten Bindungen befreien.

Hast du im Herzen Gottes Frieden,
dann ist dir höchstes Glück beschieden.
Du spürst den Himmel schon auf Erden
und weißt: Es wird dir Schön're werden,

wenn an dir, wenn du bist gestorben,
das, was uns Christus hat erworben
durch Seinen Tod, Sein Auferstehen,
auch dir zum Heile wird geschehen.

Freude durch Gott und durch Menschen

Gott hat sich mir geoffenbart
als fürsorglicher Vater.
Er hat an Liebe nicht gespart.
Sein Wort war mir Berater.

Was Christus hat am Kreuz vollbracht,
hat Er auch mir gegeben,
hat mich von Sünden frei gemacht
und schenkt das ew'ge Leben.

Dass Ihm ich anvertraut mich hab',
den Glaubensweg zu gehen,
liegt an dem Geist, den Er mir gab,
um Sein Werk zu verstehen.

Doch hab' auch Menschen ich gekannt,
die treu war'n mir verbunden,
die mir in Liebe zugewandt
und wo ich Trost gefunden.

Und weil ich das so sehr geschätzt,
wer lieb zu mir gewesen,
kann meine Dankensworte jetzt
in manchem Buch man lesen.

Unerwünschtes

Als einst begonnen hat mein Leben,
hat einen Weltkrieg es gegeben.
Gibt es, wenn bald ich sterben werde,
den nächsten dann auf dieser Erde?

Wir gehen unter Gottes Segen
dem wirklich schönsten Ziel entgegen,
so wie die Bibel das berichtet
und Manfred Elsässer das dichtet.

Die Kirche und ihr Heil

Es sollen die, die Christen heißen,
von Gott, dem Heil'gen Geist gelenkt,
die Liebe anderen beweisen,
die Gott in Jesus Christus schenkt.

Will Kirche nur sich selbst erhalten,
geht es nur ihr um große Zahl,
ist wirklich christliches Verhalten
den Kirche Leitenden egal,

dann geht es ohne Gottes Segen,
nur auf die eigne Kraft gestellt,
dem eignen Untergang entgegen.
Das gilt für Kirche wie für Welt.

Wir müssen neu nach Gott uns richten,
das tun, was in der Bibel steht;
auf eignen Vorteil dann verzichten,
wenn es da gegen andre geht.

Dann wird uns neu Gott Hilfe geben,
die unsre Kirche nötig hat,
und dankbar können wir erleben:
Es finden Wunder Gottes statt!

Opernhaftes

Zu sehn das Sterben schöner Frauen,
musst du statt Krimis Opern schauen,
wie uns an Neujahr das 3sat lehrte,
mit dem Programm, das man bescherte.
Ganz ohne jegliches Erbarmen
hat Don José getötet Carmen,
weil keine Liebe sie mehr spürte
zu dem, den einstmals sie verführte.
Auch eine Frau man sterben da sah
bei Verdi in „La Traviata";
starb Violetta auch am Ende
durch Krankheit, nicht durch Mörderhände.
Doch ist von Verdi auch in petto
als eine Oper „Rigoletto".
Es ist der Mord dort aus Versehen
an eigner Tochter da geschehen.

Gemeisterte Ehekrise

Es gab einmal ein Ehepaar,
das miteinander glücklich war,
doch dann kam eine Frau ins Spiel,
die diesem Manne sehr gefiel.

Es kam dabei nicht nur zum Flirt.
Was da geschah, sich nicht gehört.
So kam, was oft die Folge ist,
es dann zu einem Ehezwist.

Es hat die Frau den Mann gewarnt,
dass diese Dame ihn umgarnt,
dass es ein großes Unglück gibt,
wenn er die Dame weiter liebt.

Da kriegt dieser Mann es mit,
wie seine Frau darunter litt.
Zu guter Einsicht es nun kam,
sodass der Flirt ein Ende nahm.

Und seine Frau war dann so klug,
dass sie sich neu mit ihm vertrug,
ihm alle seine Schuld verzieh.
Dann wurden wieder glücklich sie.

Effi Briest und die Gegenwart

Durch Effi ein Duell entstand,
weil einst bei ihr man Briefe fand,
wo gleich der Ehemann erkannt,
dass sie von eines Fremden Hand.

Im Unterscheid zu Effi Briest
es jetzt auch Margots Mann genießt,
dass jeden schönen Vers er liest,
der sich aus Manfreds Herz ergießt.

Gemeint ist natürlich der Roman von Theodor Fontane.

Die Hauptsache

Wir Menschen sind in unserm Leben
von so viel Irdischem umgeben,
sodass wir mit sehr vielen Dingen
nun müssen unsre Zeit verbringen.
Sehr vieles müssen wir betreiben,
damit wir hier am Leben bleiben.
So vieles könnte uns auf Erden
doch irgendwie mal nützlich werden,
wenn wir es unser Eigen nennen
und alle Möglichkeiten kennen,
wie wir es für uns können nützen
und wie es kann vor Unheil schützen.

Daneben gibt es viele Sachen,
die einfach uns nur Freude machen,
die uns zu ganz bestimmten Zeiten
viel Freude, Lust und Spaß bereiten;
und dabei kann es leicht passieren,
dass wir das rechte Maß verlieren,
dass wir Bestimmtes überschätzen,
gern an die Stelle Gottes setzen,
dem wir bei vielem unterdessen
recht zu gehorchen ganz vergessen.

Jedoch von Gott sich abzuwenden,
kann nie für uns im Guten enden.
Denn nach der Erde Untergehen

wird jeder Mensch vor Christus stehen,
wo Er nach unserem Verhalten
dann je Sein Urteil wird gestalten:
Ob Er mit anderen zusammen,
die böse war'n, uns wird verdammen,
dass fern von Gott für alle Zeiten
wir müssen Höllenschmerzen leiden.
Viel besser wird es uns ergehen,
wenn wir zur Rechten Gottes stehen,
wenn wir mit allen wirklich Frommen
in Gottes Ewigkeit dann kommen,
wo Gott uns dann für alle Zeiten
wird große Herrlichkeit bereiten.

Damit wir dieses Ziel erreichen,
setzt Gott uns manchmal warnend Zeichen,
wenn manchmal bei bestimmten Dingen
uns etwas nicht recht will gelingen,
wenn wir Enttäuschungen erleiden,
die andre Menschen uns bereiten,
wenn das, wonach wir so sehr strebten,
wir als bedeutungslos erlebten,
wenn etwa auch aus stolzem Plane,
den wir gemacht in hohem Wahne
an irgendwelchen schönen Orten
dann wegen Krankheit nichts geworden.

Auch scheinbar unschönes Geschehen
soll letztlich positiv man sehen.
Gott will uns Menschen drastisch warnen:
Lasst nie euch irgendwie umgarnen
von Dingen, die uns Glück verheißen
und schließlich nur ins Elend reißen.
Als Wichtigstes ist stets zu achten,
nach Gott und Seinem Reich zu trachten.

Seliges Christsein

Wie hat es doch ein Christ so gut,
dass all sein Sein in Gott beruht.
Er weiß sich ganz in Seiner Hand,
und Er ist ihm stets zugewandt.

Er hat fürs Leben ihm bestimmt,
wann und wo es den Anfang nimmt,
ob er ein Mädchen oder Sohn
und Mitglied welcher Nation.

Durch Gott den Schöpfer fand es statt,
dass alles, was man braucht, man hat,
dass man mit Geist, Leib, Seele dann
so vieles Schöne machen kann.

Dass man ein Hirn hat, welches denkt,
und dieses dann in Worte lenkt,
das mit den Augen man kann seh'n
und mit den Beinen weit weg geh'n.

Es ist ein Christ dann nie allein.
Er weiß, Gott will sein Vater sein,
der ihn, obwohl er Sünder, liebt
und was er braucht, ach gern ihm gibt.

Dabei ist Gott auch jederzeit
auf ihn zu hören gern bereit.
Wer zu Ihm betet, stört Ihn nicht,
wann, wie, wo, was er zu Ihm spricht.

Doch dies muss man bedenken recht:
Gott ist der Herr und nicht der Knecht.
Zu nichts man je Gott zwingen kann;
und dieses gilt für jedermann.

Bedenken muss man auch im Geist,
dass es doch „Vater unser" heißt.
Gott ist zu deinem Heil wohl nah,
jedoch auch für den andern da.

Und gib vor Gott auch das stets zu,
dass Er viel klüger ist als du.
Drum wird uns Menschen nicht gewährt,
wenn man, was schädlich ist, begehrt.

Wenn darum dir auch Leid geschieht,
bedenke, dass dich Gott erzieht,
damit du nicht das Ziel verpasst
und ewig dieses Erbe hast,

das Gott in seiner Herrlichkeit
im Himmel hält für uns bereit,
das ohne alles Leiden dann
man ewiglich genießen kann.

Der XXL-Mann

So manchem Menschen macht Genuss,
dass stets er kritisieren muss.
Er nimmt sich einfach dieses Recht,
dass er die anderen macht schlecht.
Das Kritisieren macht ihn froh,
denn er denkt dabei immer so:
Dass ich so rede, hat doch Sinn.
Es zeigt, dass stets ich besser bin.
Der andere, was kann schon der.
Ich bin viel besser doch als er.
Egal was auch ein andrer tut,
er ist doch nie wie ich so gut.

Ich sage das sehr oft und laut,
damit sich niemand es getraut,
dass er mir einmal widerspricht
und deutlich sagt: „So ist das nicht.
Was du da sagst, ist gar nicht wahr.
Du stellst das gar nicht richtig dar."

Und wenn doch jemand so beginnt,
dann wird er sehen, wer gewinnt.
Er wird mit aller meiner Macht
zum steten Schweigen dann gebracht.
Und so wird immer von mir leicht
das, was ich will, von mir erreicht.

Was andere auch stellen an,
nichts gibt's, was ich nicht besser kann.

Und wenn ich oft genug das sprach,
dann reden mir's die andern nach,
bis schließlich jeder es sieht ein:
Wie ich das sage, muss es sein.
Ich bin in allem ein Genie.
Was ich kann, können andre nie.

Ein menschliches Problem

Der Mensch hat männliches Geschlecht
und das ist doch sehr ungerecht,
denn es sind auf der Erde hier
doch nur zur Hälfte Männer wir.

Und da ist niemand, der es wagt,
dass er dann auch „die Menschin" sagt,
selbst eine Feministin nicht
dafür ein solches Wort ausspricht.

Jedoch gilt es seit Langem schon,
dass man statt „Mensch" auch sagt „Person",
und als Artikel gibt es nie
da etwas anderes als „die".

Wenn irgendetwas nun beginnt,
Personen dort und Menschen sind,
die man für viele zum Verdruss
getrennt dann zählen muss.

Jedoch damit nicht jeder lacht,
wenn man so großen Blödsinn macht,
im Deutschen dabei jedermann
auch einfach „Leute" sagen kann.

Denn beim Wort „Leute“ findet statt,
dass es nur einen Plural hat,
und da war’n schon im Deutschen Reich
<u>die</u> Menschen und Personen gleich.

Christliche Sichtweise

Wer stets nur auf sich selber schaut
und dass ihm viel gelingt,
den Weg zur Rettung sich verbaut,
die Christus nur uns bringt.

Vom Menschen sagt die Bibel klar,
dass alle Sünder sind,
doch macht sie Christus offenbar,
durch den man Heil gewinnt.

Er ist vor allem dieser Mann,
auf den die Bibel weist.
In Ihm man Gott erkennen kann,
das wirkt der Heil'ge Geist.

Drum räume Ihm den ersten Platz
in deinem Herzen ein.
Er will für dich der größte Schatz
in deinem Leben sein.

Gott sorgt als Vater jetzt für dich
in dieser Erdenzeit
und führt nach dieser dich zu Sich
in Seine Ewigkeit.

Frau Lautzas und ich

Als still ich saß zu dem Zwecke,
dass ich mich erholen kann,
kam Frau Lautznas um die Ecke,
und sie sprach mich dann noch an.

Unsere edlen Fußballerinnen

Wie schön von Deutschlands Fußballfrauen,
dass sie auf unsre Männer schauen
und mitleidvoll dann dieses dachten:
Was zweimal unsre Männer machten,
die Vorrunde nicht überstehen,
das muss nun auch mit uns geschehen.

Ex-Weltmeistern ins Stammbuch

Beim Fußball wie sonst überall
kommt nach dem Hochmut dann der Fall;
und dieses gilt nun auch bei ihm,
dem nationalen deutschen Team.
Wer klug nur redet, nicht gewinnt,
ob's Frauen oder Männer sind.
Es ist so langsam an der Zeit,
dass neu man lernt Bescheidenheit.
So wie Gott will, so soll man sein.
Dann stellt auch der Erfolg sich ein.

Unheil oder Heil

Wer verfallen war dem Bösen,
sollte sich von diesem lösen,
dass er für die Sünden alle
nicht dem Strafgericht verfalle,
das nach irdischem Vergehen
einmal wird durch Gott geschehen.
Soll es nicht verderblich enden,
hilft nur, Gott sich zuzuwenden.
Er will Seinen Geist uns geben,
dass wie Er es will wir leben.
Es kann uns durch Ihn gelingen,
Seinen Willen zu vollbringen,
dass man hier auf dieser Erde
glücklich als Kind Gottes werde,
dass man Seine Gnade spüre
und Er uns zum Ziele führe,
wo bei Gott in Seinem Reiche
ewig man den Engeln gleiche,
schauend stets die Herrlichkeiten,
die uns Gott dort will bereiten.

Emils Herzenswunsch

Eines möcht' ich noch erleben,
in den mir geschenkten Jahren:
mich Dir völlig zu ergeben
und Barmherzigkeit erfahren.

Kannst Du über mich verfügen,
müsste ich gewiss nicht leiden.
Vielmehr macht es Dir Vergnügen,
mir nur Freude zu bereiten.

Der 83. Geburtstag

Nun 83 Jahre alt,
spürt man das Alter mit Gewalt.
Doch wird auch manches Glück geschenkt,
wenn jemand lieb an einen denkt
und den Geburtstag nicht vergisst,
wofür man dann sehr dankbar ist.

Sorge um Deutschland

Seh' ich auf die AfD,
tut es mir im Innern weh,
wie das Volk so wenig spürt,
wohin die Partei sie führt.

Sie ist nur darauf bedacht:
Sie will bei uns an die Macht;
und was weiter dann ihr Ziel,
davon redet sie nicht viel.

Wenn nur alle sie gewinnt,
die jetzt gegen etwas sind,
das in diesem Staat es gibt
und man nicht gerade liebt.

Denen sagt man mit Genuss,
dass man das zerstören muss,
was in ihren Augen schlecht.
Da ist jedes Mittel recht.

Darum wird der Hass geschürt,
dass der an die Macht sie führt,
wo man sich entfalten kann.
Und dann fängt der Terror an.

Wenn dann jemand noch es wagt,
dass er gegen die was sagt,
die nun führend im Regime,
dann ergeht es böse ihm.

Drum, ihr Leute, passt jetzt auf,
hindert sie an ihrem Lauf,
die in einer Diktatur
endlich wollen herrschen nur.

Jesus – das Licht der Welt

(Johannes 8,12)

In der Bibel bei Johannes
ist zu Ehren eines Mannes,
der einst Rabbi ist gewesen
guter Worte viel zu lesen.

Eines nun von diesen vielen,
die auf Jesus Christus zielen,
ist sehr leicht da zu erkennen
und „Das Licht der Welt“ zu nennen.

Was will dieses Wort uns lehren,
dass wir Jesus recht verehren,
Seine Ehre nicht verletzen
und Ihn immer richtig schätzen?

Nur bei Licht kann recht man sehen
Dinge liegen oder stehen
und auch alle die Personen,
die mit uns auf Erden wohnen.

Licht lässt zwar uns mit Erschrecken
schlimme Dinge oft entdecken,
die in den sonst dunklen Ecken
wir vor andern gern verstecken.

Es gibt da gar manche Sünden,
die bei Licht wir bei uns finden;
doch wir müssen nicht verzagen,
wenn wir uns auch dieses sagen:

Gottes Licht lässt mit Vertrauen
uns auf Jesus Christus schauen,
dass Er uns in unserm Leben
was wir brauchen gern will geben.

Den Maria einst geboren
ist von Gott dazu erkoren,
dass als Gottes Sohn auf Erden
unser Heiland Er will werden.

Er hat uns das Heil erworben
als Er einst am Kreuz gestorben.
Auf Sein Heilswerk kann sich gründen
die Vergebung unsrer Sünden.

Sein Vom-Tode-Auferstehen
wird dann auch mit uns geschehen,
denn durch Ihn ist es begründet,
weil wir fest mit Ihm verbündet.

Christi Werk lässt recht uns hoffen,
denn nun ist der Himmel offen.
Er kann uns durch dessen Türen
hin zu Sich in Sein Reich führen.

Dass mit geistlich neuem Leibe
ewig man bei Christus bleibe,
wo man frei von allem Leiden
schaut die großen Herrlichkeiten.

Lauter im Erzgebirge

(bei Aue)

In Lauter schätzt man allezeit
vor allem große Lauterkeit.
Sonst sagt man immer lauter dir:
Du schaffst uns lauter Unheil hier.

Alte Freunde

Manche, denen ich verbunden,
sind in letzter Zeit verschwunden.
Ferngespräche, Briefe schreiben,
alles muss nun unterbleiben.
Wann wird es bei mir geschehen,
sie im Himmelreich zu sehen?

Von Wundern Gottes

Die Bibel ist der Wunder voll,
die einst erlebten Leute;
doch fragt der Leser sich: Was soll
das uns denn sagen heute?

Wenn jemand überheblich spricht:
„Das hat es nie gegeben“,
dann kann ein solcher Mensch auch nicht
was einst geschah erleben.

Die Bibel lädt uns dazu ein,
es doch mit Gott zu wagen.
Er will auch jetzt dein Helfer sein
in deinen Lebenstagen.

Jedoch da musst du dieses Recht
Gott immer zugestehen:
Er ist der Herr und nicht dein Knecht:
Sein Wille soll geschehen.

Gott will dann wie ein Vater dich
die Lebenswege führen;
und Seine Gnade konnte ich
auch selbst schon manchmal spüren.

Und gibt es jetzt auch manches Leid
in deinen Erdenzeiten,
Sein Ziel ist Seine Ewigkeit.
Dahin will Gott dich leiten.

Liebe

Gern gab ich mich in Deine Hand
und habe dabei das erkannt:
Für alles das, was ich Dir gab,
ich wieder viel empfangen hab'.

Altersgedanken

Mir, der ich über 80 bin,
kommt immer wieder in den Sinn:
Das Alter fordert seinen Tribut.
Das tut uns Alten gar nicht gut.

Es macht mir öfter jetzt Verdruss,
dass ich so manches leiden muss,
Ich liege, sitze, gehe, steh'.
es tut sehr oft mir etwas weh.

Ich sehne mich bei solchem Leid
nach Gottes neuer Herrlichkeit,
wo ich dann ganz für alle Zeit
von solchem Elend bin befreit.

Sänger und Elsässer

Es kommt in unserm Kirchenchor
auch eine nette Dame vor,
die, wie es uns ihr Pass beweist,
hier Sänger ist und Sänger heißt.

Doch bei Herrn Elsässer stellt klar
die Lage sich ganz anders dar:
Es ist, weil er von Leipzig her
statt Elsässer ein Sachse er.

Mögliche Menschenliebe

Will den Menschen man entdecken,
was er für ein Wesen hat,
findet irgendwann Erschrecken
über schlimme Dinge statt.

Zwar will jeder gut erscheinen,
dass man lobend von ihm spricht,
doch so, wie die Leute meinen,
sind sie meistens eben nicht.

Man muss nur es einmal wagen,
dem, der stets so freundlich ist,
offen ins Gesicht zu sagen:
„Was du machst, ist großer Mist!"

Dann wird schnell sich alles wenden,
wenn man so etwas mal tut.
Alle Freundlichkeit wird enden,
und stattdessen zeigt sich Wut.

Will man nicht die Menschen hassen,
wenn man realistisch denkt,
muss man an sich wirken lassen
Gott, der Seinen Geist uns schenkt.

Wird von Ihm man angetrieben,
kann man dann durch Seine Kraft
auch die armen Sünder lieben,
weil das Gott dann in uns schafft.

Den Christen ins Stammbuch

Für Christen gilt: in ihrem Leben
vor allem Gott die Ehre geben;
und darum sollten sie sich schämen,
wie wenig ernst sie diesen nehmen.

Vor allem sollen wir beachten,
zuerst nach Gottes Reich zu trachten,
nicht nach Gesundheit, Geld und Ehre,
dass man da reich an allem wäre.

Man soll in allen Lebenslagen
zuerst nach Gottes Willen fragen,
und nicht: Was kann von allen Dingen
stets mir den meisten Vorteil bringen?

Wir sollen dann stets Gottes Willen
so gut uns möglich ist erfüllen,
und nicht dem Aufmerksamkeit schenken,
was andre Leute von uns denken.

Zwar sollen Christen nicht verachten,
was Menschen Gutes möglich machten,
doch nichts ist damit zu vergleichen,
das ew'ge Leben zu erreichen.

Drum soll man achten auf die Gaben,
die wir durch Jesus Christus haben,
und nicht nur auf uns selbst vertrauen
und auf der Menschen Hilfe schauen.

Es geht darum, nach unserm Sterben
das ew'ge Leben zu erwerben;
und durch des Himmelreiches Türen
kann uns nur Jesus Christus führen.

Es lohnt um dieses Zieles wegen
zu traun auf Gott und Seinen Segen.
Steht Gott bei uns an erster Stelle
tut uns das gut auf alle Fälle.

Christine Pfau

So ist das mit Christine Pfau:
Gleich zweimal gibt es sie als Frau.
Doch nur als eine sie erscheint.
Zwei Wesen sind in ihr vereint.

Hildegard

Wird mir das Leben manchmal hart,
erleichtert es mir Hildegard.
Nie gibt es mit ihr ein Problem.
Sie ist mir immer angenehm.

Mensch oder Hund

Viel Liebe sie mir nicht mehr gibt,
und das hat seinen Grund:
So wie sie früher mich geliebt,
so liebt sie jetzt den Hund.

Doch als ich das an sie mal schrieb,
da sagte sie mir: „Nein!
Du bist zu mir doch stets so lieb,
so kann mein Hund nicht sein.

Von dir so manches liebe Wort
erfreute sehr mein Herz
und treibt sogleich aus diesem fort
die Trauer und den Schmerz."

Sparvorschlag

Es sei den Leuten allen jetzt
von mir ein Vorschlag offenbart,
wie man, was heute man so schätzt,
an Strom, an Energie viel spart.

Beim Haarewaschen macht man das:
Man stellt erst seine Brause an
und macht dabei die Haare nass,
damit man sie dann säubern kann.

Damit sie wieder trocken sind,
nimmt man sich einen Föhn zur Hand,
und dann zu trocknen man beginnt.
Das kostet Strom, das ist bekannt.

Macht man die Köpfe alle kahl,
dann ist das zwar nicht so sehr schön;
doch spart man dabei jedes Mal
viel Strom, denn man braucht keinen Föhn.

Mensch und Technik heute

Groß ist der Mensch jetzt im Erfinden
in jedem technischen Bereich.
Doch menschliche Gefühle schwinden;
der Mensch wird selbst der Technik gleich.

Wenn Kinder andre Kinder töten,
so wie man Schmierpapier zerreißt,
dann ist ein Umdenken vonnöten
betreffend das, was Menschsein heißt.

Wenn nicht die Menschheit jetzt in Bälde
mehr auf die Worte Gottes hört,
beim Menschen innerliche Kälte
Gemeinschaft immer mehr und mehr zerstört.

Wohl keiner möchte Technik missen,
wenn sie Erleichterung uns bringt.
Doch soll man um Gefahren wissen,
dass nicht die Technik uns bezwingt.

Lasst euch durch Technik nicht verführen!
Sie macht zwar manches schön und leicht,
doch kann sie nicht zu Gott uns führen,
dass man das Himmelreich erreicht.

Wir brauchen auch in unsern Zeiten,
was Jesus tat zu unserem Heil.
Nur Er kann uns bei Gott bereiten,
dass man an Seinem Reich hat teil.

Vertrauen

Oft sehne ich mich nach Personen,
bei denen dieses findet statt:
Es wird sich stets bei ihnen lohnen,
wenn man so recht Vertrauen hat.

Ich kann da meine Schwäche zeigen,
von denen ich so manche hab',
muss Schuld und Fehler nicht verschweigen,
wovon es auch so manches gab.

Ich werde niemals es erleben,
was leider auch es geben kann,
dass das, was ich mal preisgegeben,
man mir zum Nachteil wendet an.

Es wird dagegen das geschehen,
dass durch Vertrauen es passiert,
dass man auch dann mich wird verstehen,
wenn etwas doch recht kompliziert.

Ich will nicht Menschen überschätzen,
weil alle sie auch Sünder sind.
Es kann kein Mensch mir Gott ersetzen,
durch den man sehr viel mehr gewinnt.

Doch kann Gott Seinen Geist uns schenken,
damit es das auf Erden gibt,
dass recht wir an den andern denken
und seinen Mitmenschen man liebt.

Karfreitag und Ostern

Der Preis der Sünde ist entrichtet,
als Jesu Tod am Kreuz geschehn.
Die Macht des Todes ist vernichtet
durch Sein Vom-Tode-Auferstehn.

Christliche Nächstenliebe

Weil Gardinen an den Wänden
uns hier schon sehr locker schienen,
wollte Unheil zu beenden,
uns Herr Elfmann freundlichst dienen.

Dass sie nicht mit großem Krachen
uns dann großen Schaden bringen,
kam er, sie hier festzumachen
und zum Bleiben dort zu zwingen.

Helfen ist mit großer Freude
da durch ihn bei uns geschehen,
und wir freuen stets uns heute,
wenn wir die Gardinen sehen.

Weil wir Hilfe nötig hatten
und sie dann durch ihn bekamen,
wollen wir ihm Dank abstatten,
lobend nennen seinen Namen.

Vom Gendern

Gendern find' ich gar nicht toll,
weiß oft gar nicht, was das soll.
Oft hat es doch keinen Sinn,
wofür ich jetzt Zeuge bin.

Wer die deutsche Sprache liebt,
weiß, dass es Artikel gibt;
und doch ist da manches Mal
der Artikel ganz egal.

Bei „Vernunft" heißt es deutsch „die".
Heißt das, nur die Frau hat sie?
Heißt das, dass niemals ein Mann
auch vernünftig denken kann?

Wenn es aber heißt „der Geist",
der Artikel dann beweist:
Nur bei Männern findet statt,
dass man einen Geist auch hat. (?!)

Auch verstehe ich es nicht,
warum man „der Busen" spricht,
ist doch dieser allezeit
Zeichen echter Weiblichkeit.

Und: Wer Regensburg genießt,
weiß, dass dort die Donau fließt.
Doch in Köln, da fließt der Rhein.
Was kann da zu gendern sein?

Deshalb gebe ich den Rat:
Tut das, was man früher tat.
Lasst das blöde Gendern sein.
Brüder sein schließt Schwestern ein.

Plus und Minus

Uns ist alles so bestimmt,
dass man kriegt und uns auch nimmt.
Es ist auch bei Gott das so.
Doch bei Ihm macht das nur froh.

Sehr viel Gutes Er uns gibt,
weil Er uns als Vater liebt.
Was an Nahrung man begehrt,
stets genügend Er gewährt.

Vieles Schöne man auch sieht,
was da ist und was geschieht.
Gutes Wort und schöner Klang
oft ins unsre Ohren drang.

Oft fand auch durch andre statt,
dass man uns geholfen hat.
Wir empfanden dankbar dann,
dass als Mensch man lieben kann.

Vieles hat man selbst geschafft,
weil uns Gott dazu gab Kraft;
doch Er selbst bot es uns an,
dass man zu Ihm beten kann.

Und so oft Er Helfer war,
drohte irgendwie Gefahr,
denn wenn Er zur Seite steht,
letztlich alles gut ausgeht.

So gibt Er auf Erden viel.
Doch noch schöner ist das Ziel,
das durch Christus Er versprach,
folgt man Ihm im Glauben nach.

Er schenkt nach der Erdenzeit
uns in Seiner Herrlichkeit,
dass man ewig, Tag und Nacht,
schaut nur wunderbare Pracht.

Doch kommt jetzt das Gegenteil,
ist das auch zu unserm Heil;
denn Gott nimmt uns nichts, was gut,
sondern nur, was Schaden tut.

Drückt dich irgendeine Last,
Schuld, die du begangen hast,
ist barmherzig Gott bereit,
dass Er dir die Schuld verzeiht.
Wenn so manches dich bedrückt,
wenn dir nichts so richtig glückt,
wenn ein Feind verbreitet Schreck,
nimmt dir Gott die Sorgen weg.

Scheint auf dieser Erde hier
hoffnungslos so manches dir,
wenn du nicht mehr weiterweißt,
nimmt die Angst dir Gottes Geist.

Bist du mal so richtig down,
musst du nur auf Christus schaun,
und schon schwindet dein Verdruss,
weil gut alles enden muss.

So wie es ganz offenbar
einst bei Jesus Christus war,
der nach dem Tod und Auferstehn
konnte in den Himmel gehn.

Und so gibt es nur Gewinn,
gibt man glaubend Gott sich hin;
und ich würde glücklich sein,
sähe jedermann das ein.

Gesegnetes christliches Leiden

Es stimmt durchaus auch das: Es ist
nicht immer leicht, dass man ein Christ,
weil leider sich in dieser Welt
der Mensch nicht christlich oft verhält.

Versucht man, ernsthaft Christ zu sein,
dann steht man oft als Mensch allein,
weil weltlich' Denken nicht versteht,
worum es bei dem Christsein geht.

So mancher gar von Christen meint,
es sei, wer christlich lebt, sein Feind,
weil er bezeugt: Es ist nicht gut,
wenn man mit Absicht Sünde tut.

Man wird da manchmal ausgelacht
und hinterm Rücken schlecht gemacht,
und man bereitet uns Verdruss,
den man als Christ ertragen muss.

Wenn einem solches Leid geschieht,
ist gut, wenn man auf Jesus sieht,
dem noch viel mehr an Leid geschah
bis hin zum Kreuz auf Golgatha.

Doch Ostern war Sein Grab dann leer,
vom Tod war auferstanden Er.
Zu Himmelfahrt es dazu kam,
dass Gott Ihn in den Himmel nahm.

Nun hat für Christen Leid den Wert,
dass Gott dafür den Trost beschert,
dass ewig lebt man allezeit
bei Ihm in Seiner Herrlichkeit.

So sehe ich auf Gottes Lohn,
wenn ich jetzt hier zu leiden hab',
und freue mich auf das jetzt schon,
was Jesus als Verheißung gab.

Gott und der Kaiser

So mancher denkt in Deutschland jetzt:
Wir haben Gott längst abgesetzt,
so wie man's in unserm Staat
einstmals mit Kaiser Wilhelm tat.

Wer etwas klüger ist, sieht ein:
So kann mit Gott das gar nicht sein,
weil anders als sonst jedermann
Gott alles weiß und alles kann.

Wenn gegen Gott man aufbegehrt,
sich selbst nur Unheil man beschert,
denn nur von Gott her findet statt,
dass Segen man und Frieden hat.

Eintrag ins Gästebuch

Freunde, welche uns gewogen,
ließen dann uns nicht allein,
als wir hierher umgezogen,
und sie wollten Helfer sein.

Weil wir Hilfe nötig hatten,
welche dann durch sie geschah,
wollen wir jetzt Dank abstatten.
Deshalb sind sie heute da.

Im Februar

Es fuhr einmal Herr Müller fort.
Es lockte ihn der Wintersport.
Jedoch der Schnee war weggetaut.
Da hat recht dumm er ausgeschaut.

Es liegt, so hat er dann erkannt,
so manches nicht in unsrer Hand.
Ich hoffe, dass er noch erkennt:
Auch jetzt hat Gott das Regiment.

Herr Mayer und Goethe

Herr Mayer, der ein Dichter war,
der sprach zu mir einmal ganz offen:
Ich bin fast 84 Jahr'
und habe Goethe übertroffen.

Was dabei ganz unmöglich scheint,
erwies sich doch als ungelogen.
Er hat die Dichtkunst nicht gemeint.
Es war aufs Alter nur bezogen.

Putin und Nawalny

Draußen an Europas Rand,
unserm Kontinent,
gibt es ein recht großes Land,
das man Russland nennt.

Ein Herr Putin als Tyrann
herrscht in Russland jetzt.
Jedem droht er Strafe an,
der ihn nicht sehr schätzt.

Mächtig, wie es früher war,
sollte Russland sein;
und er als der neue Zar
herrscht da jetzt allein.

Und dass dann berühmt er wär'
nach erreichtem Ziel,
gleich die Ukraine er
mordend überfiel.

Doch nicht jeder machte mit
dort in diesem Staat.
Mancher sehr darunter litt,
was Herr Putin tat.

Herr Nawalny hat's gewagt,
kämpfte für das Recht;
hat Herrn Putin auch gesagt:
„Was du machst, ist schlecht!"

Weil er tat, was man nicht darf,
dort, in diesem Land,
man ihn ins Gefängnis warf,
wegen Widerstand.

Und weil ungebeugt er schien
trotz Herr Putins Macht,
hat man im Gefängnis ihn
dann noch umgebracht.

Herr Nawalny ist es wert,
dass in dieser Welt
man ihn künftig sehr verehrt,
denn er war ein Held.

Gefährliche Träume

Putin würde gern es sehen,
würde es sehr bald geschehen,
dass sich alle Völker quälen
unter russischen Befehlen.

Dass er niemals das wird schaffen,
schickt der Ukraine Waffen,
dass sie Russen dort vertreiben
und wir frei von ihnen bleiben.

Ein Albtraum

Meinen alten Schulfreund Dieter
traf ich kürzlich einmal wieder,
und es ist von mir erdichtet,
was er dabei mir berichtet.
„Als ich kürzlich voll Verlangen
in die Gaststätte gegangen,
um zu Mittag dort zu essen,
und an einem Tisch gesessen,
kam zu mir in meine Ecke
dieser AfD-Mann Höcke.
Weil er da schon halb besoffen,
war zu mir er doch recht offen
und begann dann ohne Zaudern
aus dem Nähkästchen zu plaudern.
‚Groß ist für mich das Vergnügen,
andre Leute zu belügen
und in anschaulichen Bildern
alles immer schlimm zu schildern,
was an furchtbar bösen Sachen
andre immer alles machen,
die jetzt unsern Staat regieren
und ihn in das Elend führen.
Ich will stets mit Ängsten quälen,
dass recht viele uns dann wählen,
weil ja doch nur wir die seien,
die vom Bösen sie befreien.

Wenn, wie wir uns vorgenommen,
dann sind an die Macht gekommen,
können wir dann endlich zeigen,
was wir allen jetzt verschweigen.
Es wird dann in diesen Tagen
niemand irgendwie mehr wagen,
uns einmal zu widersprechen;
und wir werden uns dann rächen
an den bösen Menschen allen,
die nicht haben uns gefallen,
weil sie unser Ziel erkannten
und des Staates Feinde nannten.
Mit uns, so wird man dann sehen,
wird's mit Deutschland aufwärtsgehen.
Statt dass man der Ukraine
als ein Bündnispartner diene,
werden, weil das mehr wird nützen,
wir dann Russland unterstützen,
werden dann gemeinsam siegen
und die Polen dann bekriegen,
und wir werden von den Polen
Schlesien uns wiederholen,
auch das Land, wo einst vor Jahren
Preußen mal zu Hause waren,
dass dem alten Deutschen Reiche
unser Staat dann wieder gleiche.
Ja, die ganze Welt wird sehen,
was durch uns noch wird geschehen.

Immer mehr wird uns gelingen,
alle andern zu bezwingen,
sodass wir dann hier auf Erden
aller Welt Beherrscher werden.‘“

Karfreitag

Steht jetzt Karfreitag vor der Tür,
was wir als Fest begehen,
was ist denn da der Grund dafür,
was ist da einst geschehen?

Es des Jesus Todestag
vor langer Zeit gewesen.
Das kann ein jeder, der es mag,
in einer Bibel lesen.

In Palästina einst geschah
in längst vergang'nen Tagen,
dass Jesus man auf Golgatha
hat an das Kreuz geschlagen.

Doch warum hat sich das als Brauch
zu feiern Sinn erworben,
wo doch so viele andre auch
inzwischen sind gestorben?

Weil Jesus Strafe auf sich nahm
für Schuld, die wir begangen,
mit Gott es zur Versöhnung kam,
Vergebung wir erlangen.

Und diese tut uns Sündern not,
weil uns nach unserm Sterben
sonst harte Strafe Gottes droht:
das ewige Verderben.

Und weil uns doch so wichtig ist,
was Christus uns will schenken,
begeht Karfreitag jeder Christ
in dankbarem Gedenken.

Sa(h)ra

Wer auf der Juden Ursprung kam,
der nannte dabei Abraham.
Doch Sara – seine Frau war sie –,
die nannte dabei man fast nie.
Das fand dann doch sehr ungerecht
die Dame Sahra Wagenknecht.
Da dachte sie: Was mache ich,
dass das wird künftig ändern sich?
Sie hat, dass das bald anders sei,
gegründet bei uns die Partei,
die später man in unserm Land
die Sa(h)rabande hat genannt.

Trump und trampeln

Trampelt Trump dann Euch voran,
zeigt er allen, was er kann.
Was er jetzt an Blödsinn schwätzt,
wird von ihm dann umgesetzt;
und zu spät dann jeder spürt,
wohin er Euch hat geführt.
Wie hat es ein jeder gut,
der dann schon im Grabe ruht,
jedenfalls sofern ihn nicht
dann trifft Gottes Strafgericht.

Unser Domkantor Henk Galenkamp

Gedicht anlässlich der Beendigung seines Dienstes am Dom zu Zwickau und des Beginns seines Ruhestandes im Juni 2024

Im Nachbarland, den Niederlanden,
geschah vor vielen Jahren dies,
dass dort ein junger Mann vorhanden,
der Henk und Galenkamp da hieß.

Es gab für diesen schon als Jungen
nichts, was ihm besser da gefiel,
als wenn in Kirchen ist erklungen
ein wunderschönes Orgelspiel.

So lernte selbst er Orgel spielen,
und weil besonders er begabt,
konnte Erfolg er erzielen,
den in seinem Lande er gehabt.

Doch bald er schon dies erkannte:
Mehr hat man für Musik den Sinn
in Deutschland, seinem Nachbarlande;
und darum zog es ihn dorthin.

Dann hat wohl die Heimat er verlassen,
obwohl auch dort sehr schön es ist,
um hier in Deutschland Fuß zu fassen
als Kantor und als Organist.

Hier hat er eine Frau gefunden,
in die wohl sehr verliebt er war;
und er blieb treu mit ihr verbunden,
denn diese Frau ist wunderbar.

Dann ist nach Zwickau er gekommen
und zog von Bautzen hierher ein.
Er hat das Amt hier angenommen,
im Dom der Kantor uns zu sein.

Den Namen deutsch hier auszusprechen,
das war für ihn nie ein Problem;
doch hatte stets er seine Schwächen
mit der, die, das, des, den und dem.

Was aber nie uns jemals störte,
denn fand bei ihm das Reden statt,
dann stets man ihn nur freundlich hörte,
wenn er zu uns geredet hat.

Bei allen den berühmten Werken,
die er mit uns hat aufgeführt,
hat man da seine großen Stärken
als guter Dirigent gespürt.

Sehr vieles haben wir gesungen,
Bach, Mozart, Mendelssohn und Spohr;
und alles hat sehr gut geklungen,
man lobte Kantor und den Chor.

Was Hörern in der Kirche allen
– ich sage da wohl kaum zu viel –
besonders gut auch hat gefallen,
war stets sein gutes Orgelspiel.

Wenn er nun in dem Ruhestande,
dann wünschen wir dem lieben Mann,
dass er bei uns in unserm Lande
viel Schönes noch erleben kann.

Leben mit Gott

In das Elend dieser Welt
wurde ich hineingestellt,
als die Mutter mich gebar
und ich dann am Leben war.

Aber dann sprach Gott zu mir:
„Du, mein Kind, ich helfe dir.
Du bist niemals ganz allein,
immer will ich bei dir sein.“

Und dann habe ich gespürt:
Wunderbar ist, wie Gott führt.
Immer findet Hilfe statt,
wenn man sehr sie nötig hat.

Doch Gott richtet auch den Sinn
immer auf das Ende hin.
Was im Himmel Er beschert,
ist von allergrößtem Wert.

Zu singen nach der Gesangsbuchmelodie EKG 504 „Himmel, Erde, Luft und Meer“.

Grenzüberwindung

Die DDR durchlebt ich hab',
die vollen 40 Lenze.
Was es in Richtung Westen gab,
war eine dichte Grenze.

Man wusste: Diese Grenze kann
man nicht leicht überwinden;
doch stellt man den Fernseher an,
kann Westfernseh'n man finden.

Das alles ist ein gutes Bild
für unser ganzes Leben,
weil auch für unser Leben gilt,
dass Grenzen uns gegeben.

Es gibt Gesetze in der Welt,
die muss man respektieren.
Wer sich entsprechend nicht verhält,
wird dabei stets verlieren.

Doch hat vor vielen Jahren schon
das, woran wir gebunden,
einst Jesus Christus, Gottes Sohn,
in Vollmacht überwunden.

Es fand zu Ostern dieses statt,
dass es sich hat begeben,
dass Gott vom Tod erweckt Ihn hat
zu ewig neuem Leben.

Nun bricht in diese Welt hinein
die Kraft, von der wir spüren:
Um ewig dann bei Gott zu sein,
will Er uns dahin führen.

Denn Jesus ist der gute Hirt.
Er will die Seinen leiten;
und wer an Jesus glaubt, dem wird
Er Herrliches bereiten.

Und so wie einst die Grenze fiel
in unserm Staat zur Wende,
gibt's grenzenlos nur Freude viel
bei Gott dann ohne Ende.

Die Nächstenliebe des Herrn Elfmann

Herr Elfmann einmal uns erklärte,
dass er uns stets gern helfen werde,
wenn wir uns bittend an ihn wenden,
um einen Notstand zu beenden.
Drum habe ich vor ein paar Wochen
am Telefon mit ihm gesprochen,
könnt' er uns an Gardinen dienen,
weil es uns als Gefahr erschienen,
dass sie einmal mit großem Knallen
von oben auf dem Boden knallen.
Er kam nach dieser meiner Klage
zu uns am übernächsten Tage
und hat uns alles so befestigt,
dass niemals mehr es uns belästigt
und wir nun können voll Vertrauen
auf unsere Gardinen schauen,
weil da Herr Elfmann das vollbrachte,
was uns nun wieder glücklich machte,
wofür, so will ich gern das schreiben,
wir immerdar ihm dankbar bleiben.

Die Katze

Das ist die Katze hier im Haus.
Sie fing bis jetzt noch keine Maus,
und dennoch ist sie nützlich hier.
In ihrem Bauch ist Klopapier.

Ottokar

Ich schätze Bruder Ottokar,
weil dieser Satz sein Motto war:
Es sehe doch ein jeder ein:
Wir müssen bessre Beter sein.

Altersleid und Christenfreud

Hat die 80 man erreicht,
dann fällt manches nicht mehr leicht.
Was man früher gut geschafft,
dazu fehlt jetzt oft die Kraft.
Was noch geht, das fällt oft schwer.
Manches traut man sich nicht mehr.
Was man früher hat begehrt,
das verliert oft viel an Wert.
Man will oft nur seine Ruh,
denn die Schmerzen nehmen zu.
Auf manch weltlichen Genuss
man jetzt ganz verzichten muss.

Aber jeder, der ein Christ,
auch im Alter fröhlich ist,
weil er stets auch daran denkt,
was uns Christus hat geschenkt,
der Vergebung uns erwarb,
als Er an dem Kreuz einst starb.
Darum fürchten wir uns nicht
vor dem göttlichen Gericht,
dem nach Ende dieser Welt
jeder irgendwann verfällt.
Vielmehr freuen wir uns schon
auf den uns versproch’nen Lohn,
dass, wie Christus uns versprach,
wir Ihm darin folgen nach,

dass, so wie mit Ihm geschehn,
wir vom Tode auferstehn
und zum Himmel gehen ein,
um in Gottes Reich zu sein,
wo in neuer Leiblichkeit
wir dann leben allezeit
in der wunderbaren Pracht,
die uns möglich hat gemacht
der, der Jesus Christus hieß
und für uns Sein Leben ließ.

Unsere Sprache und wir

Wir haben – und das gilt für jeden –
den Mund auch, und wir können reden.
Dabei ist uns von großem Werte
die Sprache, die die Mutter lehrte,
das ist bei uns in unserem Lande
die Sprache, die einst Deutsch man nannte.
Mit ihr soll man nicht so verfahren
wie mit Geräten oder Waren,
zum Beispiel sie nur so benutzen
wie Bürsten zu dem Schuheputzen.
Es ist die Sprache zwar nicht leiblich,
jedoch sehr menschlich dabei weiblich.
Sie kann bewirken, dass wir leiden,
doch sehr viel Freude auch bereiten.
Ob sie gesprochen, ob geschrieben,
man soll die deutsche Sprache lieben.
Dabei kann man bei ihr erleben:
Sie liebt es, dem sich hinzugeben,
von dem sie Liebe hat empfangen.
Der kann es dann von ihr erlangen,
dass schöne Verse aus ihr sprießen,
die er kann wunderbar genießen;
und sollen sie erhalten bleiben,
so braucht er sie nur aufzuschreiben,
um dann zum Buch sie zu vereinen,
damit sie beim Verlag erscheinen.

Lohnende Hingabe

Sich dem anderen offenbaren
und Barmherzigkeit erfahren,
kann für uns wohl hier auf Erden
als ein Glück bezeichnet werden.

Leider muss als Wahrheit gelten:
Solches Glück ist ziemlich selten.
Es sind dazu ohne Frage
viele gar nicht in der Lage.

Es will uns die Bibel lehren:
Herrliches will Gott gewähren,
wenn wir uns Ihm ganz ergeben
und nach Seinem Willen leben.

Dann kann jederzeit geschehen,
dass Gott eilt, um uns beizustehen,
das, was schwer, zu überwinden,
Trost und Kraft in Ihm finden.

Doch noch größere Herrlichkeiten
will uns ewig Gott bereiten,
will im Himmelreich uns laben
mit den allerschönsten Gaben.

Von Gott dem Heiligen Geist

Wir Christen sollen Gott auch loben,
dass Er uns hat vom Himmel oben
zur Erde Seinen Geist gegeben,
damit durch Ihn wir christlich leben.
Er kann und will uns dieses schenken,
dass wir den Blick auf Gott auch lenken,
damit bei irdischem Geschehen
auch Ihn wir da am Werke sehen.
Vor allem ist da zu erleben
bei dem, was einst sich hat begeben,
als Jesus lebte auf der Erde,
damit Er unser Heiland werde.
Durch Gottes Geist wir dies erkennen,
dass Jesus Gottes Sohn zu nennen,
der mit dem Vater so verbunden,
dass leicht auch alles überwunden,
was da an großen Schwierigkeiten
bestimmte Dinge uns bereiten.
Wenn Jesus Gottes Sohn gewesen,
hält, was wir in der Bibel lesen,
was Großes wird von Ihm berichtet,
wer an Gott glaubt, nicht für erdichtet.
Gott selbst lehrt auch den Sinn verstehen,
was einst bei Jesu Tod geschehen,
dass sterbend Er ein Werk vollbrachte,
das uns Vergebung möglich machte.

Dass Jesu Jünger Ihn gesehen
nach dem Vom-Tode-Auferstehen,
erkennen wir mit großer Klarheit
als uns vom Geist geschenkte Wahrheit.

Wenn von der Kirche manche meinen:
dort ist es so wie bei Vereinen,
wirkt Gottes Geist, dass jeder merke:
als Haupt ist Christus dort am Werke.
Beim Gottesdienst wird uns zum Segen,
dass in ihm Christus ist zugegen.
Er schafft Vergebung unsrer Sünden,
wenn Diener Gottes sie verkünden.
Wenn Pfarrer jeweils Menschen taufen,
dann nicht nur Wasserströme laufen;
wird dabei Gottes Wort verkündet,
sich mit dem Täufling Gott verbindet.
Und wird das Abendmahl gespendet,
sich Christus leiblich zu uns wendet,
denn Brot und Wein sind da die Gaben,
dass Christi Leib und Blut wir haben.
So wollen wir, die Christen heißen,
auch Gott, den Heil'gen Geist recht preisen.
Er lässt uns Christi Werk begreifen,
lässt in uns Glaubensfrüchte reifen,
dass wir, wie Gott uns vorgeschrieben,
Gott und den Nächsten richtig lieben.

Er lässt uns dann nach unserm Sterben
von Gott verheißenen Lohn ererben,
dass, wenn wir nicht von Christus weichen,
die ew'ge Herrlichkeit erreichen,
wo wir, was Christus uns verhießen
für immer werden dann genießen.

Von Manfred Elsässer im Frieling-Verlag erschienen:

Dem schönstenZiel entgegen

212 Seiten
Paperback
EUR 12,90
978-3-8280-3709-0

In zwei Reichen daheim

176 Seiten
Paperback
EUR 12,90
978-3-8280-3614-7

Mensch und Christ

200 Seiten
Paperback
EUR 13,90
978-3-8280-3514-0

Von oben gehoben

248 Seiten
Paperback
EUR 13,90
978-3-8280-3428-0

In manelsischen Gefilden

220 Seiten
Paperback
EUR 13,90
978-3-8280-3312-2

Im Spannungsfeld von Gott und Welt

148 Seiten
Paperback
EUR 11,90
978-3-8280-3381-8

Erlebtes und Unerlebtes

220 Seiten
Paperback
EUR 14,90
978-3-8280-3256-9